W9-AUR-656

Combray

ÉTONNANTS • CLASSIQUES

PROUST

Combray
(Du côté de chez Swann)

Présentation, notes, chronologie et dossier par
SANDRINE COSTA,
professeur de lettres

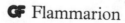 Flammarion

Les planches reproduites dans ce volume sont extraites de : Marcel Proust, *À la recherche du temps perdu*, 1. Combray, adaptation et dessins de Stéphane Heuet, Éditions Delcourt.
© Flammarion, Paris, 2000
Édition revue, 2007.
ISBN : 978-2-0812-0481-2
ISSN : 1269-8822

SOMMAIRE

Combray

Une vocation précoce

Ce qui surprend, voire fascine concernant la vie de Marcel Proust, c'est la précocité et le caractère inébranlable de sa vocation d'écrivain, preuve d'un – mauvais ? – caractère certain, et sujet de conflits violents avec ses parents. Pourtant, le milieu familial dans lequel il évolue n'est pas pour rien dans son amour de la littérature : la filiation maternelle de Marcel compte au moins deux figures de femmes cultivées, musiciennes et grandes lectrices : Adèle Bercastel, sa grand-mère, et Jeanne Proust, sa mère. Cette dernière sera d'ailleurs une des principales lectrices de son œuvre romanesque et la complice active de son travail de traduction des écrits de l'Anglais Ruskin[1]. Mais, plus largement, c'est tout le milieu d'une bourgeoisie très aisée, impliquée dans le monde politique et proche de la vie culturelle de l'époque qui a sans aucun doute fourni à l'écrivain, dès ses plus jeunes années, un cadre propice à la conversation au sens le plus intellectuel et noble du terme : *À la recherche du temps perdu* ne cessera de mettre en scène de longs épisodes de discussion concernant la peinture, la littérature ou, quoique plus rarement, l'actualité politique.

Proust n'a que 17 ans et est encore lycéen à Condorcet, lorsqu'il participe pour la première fois à une revue littéraire, la *Revue Lilas*, du nom de la couleur de la couverture des cahiers qui servent à cette « publication ». Dès lors, il ne cessera plus vraiment d'écrire, dans d'autres revues : *Le Banquet* ou *La Revue*

---

1. John Ruskin (1819-1900) : critique d'art.

blanche à partir de 1893, puis n'importe comment et n'importe où : dans les marges des nombreux romans qu'il dévore, sur des cahiers ou des feuilles volantes qu'il numérote ensuite, voire au verso de faire-part... Tout est bon pour noter sur le coup ou après une lente maturation ce qui s'impose à lui, comme l'évoque l'épisode des clochers de Martinville dans *Combray*[1].

Concilier cet amour de la littérature, cette certitude qui se fait plus nette au fil des ans que la seule carrière qu'il souhaite est celle d'écrivain, avec des études et surtout les grandes espérances familiales sera bien difficile. C'est sous la contrainte, certainement paternelle, que le jeune bachelier s'inscrit en 1890 à la faculté de droit et à l'École des sciences politiques. Marcel sera d'ailleurs reçu à tous ses examens de licence en 1893. C'est à cette date que les relations avec ses parents vont s'obscurcir autour de la question du choix d'une carrière : le jeune homme tente de repousser toute décision, tandis que son père le somme de choisir ; il finira par opter pour une licence de philosophie le destinant plutôt à un emploi de bibliothécaire ou de documentaliste qu'à une carrière professorale, faute d'avoir réussi à convaincre sa famille que la littérature pouvait être un véritable métier. Il ira même, pour satisfaire à ses obligations filiales, jusqu'à accepter un poste d'assistant non rémunéré à la bibliothèque Mazarine, mais de report en congé pour raison de santé, il sera finalement considéré comme démissionnaire.

Proust n'exercera aucune profession ; sa santé déficiente n'est pas qu'un prétexte : l'asthme dont il souffre depuis l'enfance lui laissera de moins en moins de répit avec les années, et pas seulement au printemps, saison qui aggrave sensiblement ses difficultés respiratoires. La fin de la courte vie de Proust (qui meurt à 51 ans) sera une véritable course de vitesse contre la maladie et la mort qui finira par l'emporter sans qu'il ait pu achever la relecture et la publication des trois derniers volumes de la *Recherche*. Mais il

---

1. Voir p. 140-142.

sera parvenu à ses fins : être reconnu comme écrivain. Certes, sa première publication, *Les Plaisirs et les Jours*, recueil de textes poétiques ou en prose sur des thèmes assez variés, n'a connu ni le succès de vente ni la reconnaissance des critiques qu'il espérait, sans doute *Du côté de chez Swann* paraît-il en 1913 à compte d'auteur chez Grasset après le refus de nombreux autres éditeurs, mais la NRF accepte le deuxième volume, *À l'ombre des jeunes filles en fleurs*, qui se verra décerner le prix Goncourt en 1919. Surtout, la grande œuvre romanesque de sa vie est achevée, et c'est elle que nous vous proposons de découvrir.

Combray : structure et genèse

Du côté de chez Swann, premier volume d'*À la recherche du temps perdu*, est une œuvre à la structure fragmentaire, comme l'était le premier ouvrage publié par Proust, *Les Plaisirs et les Jours*. Il se compose, en effet, de trois parties fort différentes de par leur taille et le mode d'énonciation retenu. Le volume s'ouvre sur *Combray*, texte écrit à la première personne et rapportant au passé des « souvenirs d'enfance ». Suit une narration à la troisième personne portant le titre d'*Un amour de Swann*, dont le personnage éponyme apparaît déjà, brièvement, dans la première partie et dont l'intrigue se situe chronologiquement avant l'histoire rapportée dans *Combray* ; puis le volume s'achève avec un nouveau texte à la première personne, *Noms de pays : le nom* [1].

---

1. Le texte intégral de ce premier volume, comme d'ailleurs les autres tomes de la *Recherche*, sont publiés en GF-Flammarion sous la direction de Jean Milly, avec un important travail de préface et de notes.

À l'intérieur même de *Combray*, nous pouvons distinguer différents mouvements. D'abord, un récit encadrant ouvre et referme cette partie : un narrateur adulte évoque le moment de ses couchers et les insomnies dont il a toujours été victime. Cette réflexion générale sur le sommeil et les perturbations spatio-temporelles qu'il suscite le ramène au souvenir du moment de son coucher, lorsque, enfant, il était en vacances à Combray. Le premier grand mouvement se développe autour de ce qu'il est convenu d'appeler le « drame du coucher » : en effet, l'enfant ne peut s'endormir sans avoir reçu le baiser de sa mère dont il est privé lors des réceptions familiales. Ces scènes familières sont tout ce dont le narrateur se souvient concernant ses séjours à Combray. Un retour rapide au narrateur adulte nous relate un épisode essentiel, le très célèbre épisode de « la madeleine », où, par une expérience sensuelle inattendue, il retrouve le souvenir complet de Combray. En effet, un jour d'hiver, en portant à ses lèvres une petite madeleine trempée dans du thé, le narrateur est troublé par le goût de la gorgée et en éprouve un bonheur dont il ne connaît pas la cause ; après maintes tentatives infruc-tueuses, il réalise que ce goût troublant est celui de la petite madeleine que sa tante, le dimanche, lui offrait après l'avoir trempée dans sa tasse de tisane ou de thé. À partir de ce souve-nir, les pans entiers de Combray vont resurgir. Ce mouvement développe de nombreuses anecdotes relatives aux vacances familiales, mettant en scène de manière pittoresque les relations entre les différents membres de sa famille et les habitants de Combray, et évoquant la géographie particulière du village autour des deux promenades habituelles, le côté de Méséglise et le côté de Guermantes. Un dernier retour au narrateur adulte tire la leçon de son expérience de la mémoire involontaire et achève l'évocation première des couchers par la venue de l'aube et le thème du réveil.

Au cœur de *Combray* donc, il y a l'épisode du coucher et le drame de la séparation avec la mère. Ce désarroi, cette peur sur laquelle vient se greffer le sentiment de solitude dans une grande maison, la vision inquiétante de l'ombre des arbres contre la fenêtre, les bruits mystérieux qui peuplent la nuit, chacun de nous a pu les vivre à un moment de son enfance. Proust touche là à des craintes et à des sentiments universels, plonge avec nous au cœur de nos mythologies enfantines. Mais pour le Narrateur – ainsi que l'on nomme le « je » de la *Recherche* – ce drame n'est pas une simple anecdote. La preuve en est que cet épisode du coucher a été narré à plusieurs reprises dans des textes antérieurs à *Combray* : ce thème est évoqué en particulier dans le premier roman de Proust, *Jean Santeuil*, ouvrage posthume [1]. Plus encore, nous savons par la correspondance de Marcel Proust et différents documents biographiques que c'est de sa propre expérience que l'écrivain tire cet épisode : Marcel a vécu intensément la douleur de la séparation d'avec sa mère, au moment du coucher bien sûr, mais encore à l'âge adulte, lorsqu'il se trouvait loin d'elle : il s'agissait en effet pour lui d'une répétition de l'ultime séparation, d'une anticipation de la mort de celle qu'il aimait de manière si possessive et qui se produira en 1905.

Suivre avec précision le cheminement de la préparation puis de la rédaction de *Combray* est quelque peu complexe malgré la quantité importante de documents dont nous disposons, et en particulier des différents manuscrits de Proust. En effet, même si dès 1908 apparaît le projet d'une œuvre romanesque de grande ampleur, sa réalisation demeurera longtemps confuse entre la rédaction de différents épisodes narratifs et celle de développements théoriques sur l'art et en particulier l'art du roman. Par ailleurs, la structure du roman proustien va connaître de nombreuses modifications : on passera d'un projet en deux parties à

---

1. Voir le dossier, p. 161.

un plan en trois volumes, jusqu'à la version définitive en sept parties. Certains épisodes devant figurer dans ce qui deviendra *Combray* seront en fait déplacés dans le dernier volume. Enfin, Proust n'écrit pas nécessairement dans l'ordre chronologique de la narration : il rédige simultanément des développements qui trouveront leur place définitive dans des volumes différents.

C'est au début de 1909 que semble se faire jour le projet de faire découler son récit de l'épisode du dormeur insomniaque. La rédaction suivie de *Combray* débute quant à elle au printemps 1909 ; il entreprend dès 1910 la rédaction d'autres parties du roman. Ce n'est qu'entre 1912 et 1913 que paraissent pour la première fois dans la presse des extraits de l'ouvrage, dont le titre définitif ne sera trouvé qu'au moment de la publication du premier volume, le 14 novembre 1913. À cette date, le plan d'ensemble de la *Recherche* n'est pas encore construit dans la version que nous connaissons. Il ne se mettra en place que progressivement avec la publication des volumes suivants après guerre.

Les pièges de la tentation autobiographique

La tentation est grande de lire *Combray*, voire l'ensemble d'*À la recherche du temps perdu* comme une œuvre autobiographique : l'emploi de la première personne, les similitudes entre les personnages de la fiction et certains de leurs modèles (la grand-mère, la mère, le père du Narrateur), le drame du coucher que nous avons évoqué plus haut et même les lieux : si Combray n'existe sur aucune carte, il semble très inspiré du village d'Illiers, dans l'Eure-et-Loir, et la maison évoque assez fidèlement la demeure familiale d'Auteuil. De nombreux critiques contemporains de Proust l'ont en effet perçu ainsi. Pourtant, et même si Proust lui-même admet qu'une œuvre littéraire porte toujours la marque de la vie de son auteur, nous devons résister à cette simplification. Nous avons en effet affaire à une œuvre de fiction, et le long travail de réécriture, de construction, c'est-à-dire de mise en perspective de cette première partie par rapport au projet global que constitue la *Recherche*, l'atteste largement. Proust a d'ailleurs longtemps hésité sur le choix du mode d'énonciation du roman, et ce n'est que tardivement que la première personne s'est imposée à lui : nous avons ainsi une autobiographie fictive, un véritable travail d'invention. Un rapide examen de la biographie de Proust le confirme sans peine : les figures de la mère et de la grand-mère de la *Recherche* sont bien loin des modèles réels, et le romancier prête volontiers à l'une des caractères ou attitudes de l'autre. Plus peut-être, l'absence de la figure du frère cadet, Lucien, n'est pas la preuve de la jalousie de Marcel à son égard, puisque bien des éléments biographiques et tirés de sa correspondance prouvent au contraire la qualité de relation des deux frères, mais bien de la distance entre la vie de Proust et celle de son Narrateur.

Le récit d'une vocation d'écrivain

Cette évocation de l'enfance que constitue *Combray* est avant tout celle d'un futur écrivain. Suivant le *topos* de ce type de récit, le narrateur va rechercher dans ses années de jeunesse les signes précoces et premiers d'une vocation encore inconsciente. Elle se dévoile d'abord par un rapport particulier aux livres et à la lecture : le narrateur évoque de manière assez solennelle le passage des livres pour enfants aux vrais romans – ceux de George Sand – tout en insistant sur le caractère affectif et sacré de cette découverte, puisqu'elle se fait la nuit, dans un rapport d'intimité précieuse avec sa mère et comme une conquête à la fois sur les règles familiales et les angoisses nocturnes. La seconde évocation de Combray montre un narrateur plus âgé sans doute, passant des journées entières à lire, dans la maison ou à l'ombre des arbres, ce qui n'est pas sans inquiéter sa mère [1]. L'évocation de l'écrivain Bergotte, largement inspiré de la figure d'Anatole France, permet à son tour un développement sur le type de roman apprécié par le narrateur et surtout sur ce que la lecture lui apporte : la lecture de Bergotte va, en effet, déterminer les goûts esthétiques du jeune homme, mais aussi sa vie, car la lecture n'est pas une simple distraction, c'est un filtre à travers lequel et à partir duquel notre perception de la réalité et de la vie va être modifiée. Enfin, l'un des derniers épisodes de *Combray* relate la première expérience d'écriture du narrateur qui est fidèlement reproduite. Cet épisode est important pour deux raisons : il révèle d'abord en même temps qu'il annonce pour l'avenir le bonheur intense qui naît de la création et qui n'est comparable

---

1. Voir p. 76, l. 321-325.

– mais c'est parce qu'il est de la même nature – qu'à l'expérience de mémoire involontaire suscitée par la madeleine. Ensuite, il montre que ce travail relève d'un combat contre soi-même et les distractions de l'existence : ce que le Narrateur sent monter en lui et qui va se concrétiser par l'écriture, il l'a déjà ressenti mais, par paresse ou lassitude, il n'a pas voulu l'entendre. Malgré tout, cet épisode des clochers de Martinville est un échec : certes, un texte a été produit, mais il a ensuite été oublié, et l'épisode n'a pas eu de suite : « Je ne repensai jamais à cette page. »

Combray semble ainsi se refermer sur l'histoire d'une vocation manquée.

L'ouverture
de la *Recherche*

Tous les biographes de Proust s'accordent pour constater son goût pour la musique : sa correspondance contient de longs développements sur ses enthousiasmes et ses musiciens de prédilection (Fauré, Saint-Saëns, Wagner), il assiste à de nombreux concerts, compte parmi ses amis les plus proches des musiciens comme Reynaldo Hahn, il écrira aussi sur la musique. Celle-ci tient d'ailleurs une place considérable dans la *Recherche*. La référence constante au modèle musical nous amène à considérer *Combray* comme une « ouverture » au même titre que dans un opéra, c'est-à-dire comme un morceau situé au début d'une œuvre lyrique et qui développe par anticipation les principaux airs et thèmes qui se trouveront étoffés par la suite. Ainsi, reprenant la métaphore proustienne lors de l'épisode de la petite madeleine qui fait surgir tout Combray d'une simple tasse de thé [1], nous pouvons considérer que toute la *Recherche* est déjà en germe dans ce premier mouvement. Nous croisons ainsi, au détour des pages, certains personnages qui joueront dans le roman et dans la vie du Narrateur un rôle considérable : d'abord, bien entendu, sa mère et sa grand-mère, puis Swann, sa fille Gilberte si rapidement aperçue au jardin, la mystérieuse dame en rose, le musicien Vinteuil, la duchesse de Guermantes. La géographie même de Combray avec ses deux « côtés », le côté de Guermantes et le côté de Méséglise (celui de la maison de Swann), renvoie à la structure de l'œuvre (*Du côté de chez Swann* et *Le Côté de Guermantes* sont respectivement les tomes I et III d'*À la recherche du temps perdu*). Plus encore, ces deux directions qui semblent aux antipodes l'une de l'autre, géographiquement comme socialement (d'un côté la bourgeoisie, de l'autre l'aristocratie) finissent par se rencontrer et converger, de la même façon que le Narrateur adulte découvrira qu'il était possible de passer par l'un des chemins pour rejoindre l'autre.

Mais *Combray* est surtout un univers de signes, d'indices et d'amorces qui parsèment le texte et qui ne trouvent leur sens que bien plus tard. De même que dans l'épisode des clochers de Martinville, ou au début de l'expérience de la madeleine, le narrateur sent que « quelque chose » l'appelle et tente de parvenir jusqu'à sa claire conscience, les rencontres profilées à Combray, les émotions ressenties ou ébauchées demandent pour être éclaircies un effort de travail et de volonté dont le narrateur n'est pas toujours capable. À travers les tomes suivants de la *Recherche*, la vie mondaine, l'amour et les divertissements sembleront parfois le mettre sur la voie de la révélation, mais le plus souvent l'en détourneront, jusqu'au dernier volume, *Le Temps retrouvé*, dont le titre fait directement écho à la quête que constitue toute l'œuvre et qui nous livre enfin le sens jusque-là dérobé : l'appel d'une vocation littéraire.

---

1. Voir p. 64, l. 895-905.

Ainsi, l'écriture proustienne est-elle un art du dévoilement, posant un objet ou un personnage moins dans sa réalité que dans son ambiguïté, suscitant chez le lecteur une vigilance active pour tenter de déchiffrer les signes, de retenir ce qui veut s'échapper, comme cette « odeur d'invisibles et persistants lilas ».

Dans *Combray*, ce sont plus spécifiquement les personnages qui illustrent cette dualité des êtres et des choses : Legrandin peste contre les snobs mais s'avère en être un lui-même, la si froide Françoise cache des capacités de compassion insoupçonnées ; à l'inverse, Mme de Guermantes ne correspond pas à l'image que le narrateur s'était faite d'elle à partir de la méditation poétique sur son nom et sur les terres qui lui appartiennent. Enfin, si la famille a mangé tant d'asperges cet été-là, ce n'était pas en raison de leur beauté picturale ou du goût de tante Léonie, mais uniquement par cruauté de la part de Françoise : la fille de cuisine y était allergique.

L'art du conteur : pittoresque et humour

Peut-on lire *Combray* ? Cette question aux allures de provocation peut s'entendre en deux sens : est-il possible de lire cette première partie indépendamment de l'intégralité de la *Recherche* sans en réduire le sens ou sans risque de ne pas en percevoir l'intérêt ? N'est-ce pas une œuvre trop intellectuelle ou abstraite pour que sa découverte soit un plaisir ?

La réponse à la première question sera double : Proust a conçu cette partie comme un tout qui, de ce fait, peut se lire de manière autonome. Il s'agit d'un récit d'enfance circonscrit par une expérience de la mémoire involontaire. Mais si cette lecture peut susciter une curiosité pour la suite du roman, la réussite de l'expérience est totale.

Quant au plaisir de la lecture, il tient entre autres à l'art de conteur de Proust. Les épisodes de l'enfance sont émaillés d'anecdotes pittoresques et drôles, comme l'évocation des mœurs des habitants de Combray ou encore le rituel des déjeuners du samedi qui ont lieu une heure plus tôt que les autres jours, à la surprise des visiteurs inopinés, ce qui provoque immanquablement le rire des « initiés ».

Mais ce sont surtout les personnages, aux traits souvent à peine esquissés mais évoqués avec l'efficacité cruelle du caricaturiste qui donnent au roman une délicieuse légèreté : de la tante Léonie feignant l'insomnie et monologuant dans ses heures de solitude[1] à Bloch aux discours ampoulés et farfelus. On néglige trop souvent cet humour de Proust, l'ironie affectueuse dont il enveloppe ses personnages et qu'il prête à un narrateur assez enclin à l'autodérision et à la confusion des registres, jusque dans ses développements les plus poétiques, comme en atteste aussi la description des asperges[2].

À côté de ces passages, et comme par contraste, les descriptions de la nature lors des promenades familiales nous livrent un pan essentiel de l'écriture proustienne : la poésie des évocations qui transforme par les images et le style un matériau brut en œuvre d'art.

---

1. Voir p. 66, l. 46-54.
2. Voir p. 105, l. 1149-1158.

Le style proustien :
la métaphore comme figure
du dévoilement

À l'évidence, le style de Proust est pour beaucoup dans le plaisir que nous avons à le lire. La spécificité de cette écriture fait aussi peut-être sa difficulté : les critiques ont pu lui reprocher une certaine obscurité découlant d'une complexité syntaxique jugée excessive. En effet, les phrases proustiennes sont longues, amples et enrichies de nombreuses expansions (coordonnées, subordonnées...). Le lexique lui-même multiplie les emprunts à des termes rares, voire archaïsants, ce que redouble le recours à de nombreuses allusions littéraires et culturelles.

Bien entendu, le large appareil de notes que nous proposons vise à simplifier la lecture en éclairant ces termes ou allusions difficiles. Pour le reste, il ne faut pas croire que Proust cultive un hermétisme esthétique : bien au contraire, l'un des reproches principaux qu'il adresse aux poètes symbolistes et en particulier à leur chef de file, Stéphane Mallarmé, est cette obscurité. Le recours à des termes précis et la syntaxe volontiers redondante ont pour fonction de cerner au plus près et au plus juste l'objet décrit en l'évoquant sous des angles différents. Le style proustien vise donc, paradoxalement, à la simplification, à l'analyse au sens chimique du terme.

Mais la principale caractéristique de cette écriture est le recours à la métaphore ou à la comparaison. Ce surgissement d'images, ce rapprochement d'éléments en apparence disparates, l'utilisation généralisée des synesthésies[1] relèvent d'un même

---

1. *Synesthésies* : en littérature, une synesthésie consiste à allier dans une même image deux motifs appartenant à des domaines sensoriels différents (ex. : « Son haleine fait la musique/Comme sa voix fait le parfum. » Baudelaire).

principe que nous avons déjà évoqué plus haut : la métaphore qui fait surgir tout Combray d'une tasse de thé et toute la *Recherche du temps perdu* de *Combray* constitue le principe dynamique de l'œuvre. La métaphore n'est pas illustrative ou esthétique, elle est la figure de style par excellence qui permet de révéler l'essence des choses ; elle est ainsi l'outil principal du dévoilement. Le rôle de la métaphore est aussi temporel : elle isole deux éléments en dehors de leur contexte chronologique et constitue ainsi un moment d'éternité.

La lecture de Proust nous permet, avec lui, de goûter à ces moments hors du temps qui nous donnent l'illusion fugitive, illusoire et délicieuse d'échapper au contingent :

« Mais quand d'un passé ancien rien ne subsiste, après la mort des êtres, après la destruction des choses, seules, plus frêles mais plus vivaces, plus immatérielles, plus persistantes, plus fidèles, l'odeur et la saveur restent encore longtemps, comme des âmes, à se rappeler, à attendre, à espérer, sur la ruine de tout le reste, à porter sans fléchir, sur leur gouttelette presque impalpable, l'édifice immense du souvenir. »

CHRONOLOGIE

1871 1922
1871 1922

- ■ **Repères historiques et culturels**
- ■ **Vie et œuvre de l'auteur**

Repères historiques et culturels

1870	Guerre franco-prussienne.
1871	Défaite de Sedan ; chute du Second Empire et proclamation de la IIIe République. La Commune. Début de la publication par Zola du cycle des *Rougon-Macquart*. Publication en revue des poèmes de Rimbaud.
1875	*Carmen* de Bizet.
1876	Invention du téléphone par Bell. Tolstoï publie *Anna Karénine*.
1880	Dostoïevski, *Les Frères Karamazov*. Rodin, *Le Penseur*.
1881	Offenbach, *Contes d'Hoffmann*. Renoir, *Le Déjeuner des canotiers*. Verlaine, *Sagesse*.
1882	Lois sur l'enseignement obligatoire de Jules Ferry. Wagner, *Parsifal*.
1883	Maupassant, *Une vie*. Stevenson, *L'Île au trésor*.
1884	Huysmans, *À rebours*.
1885-1889	Tentative de coup d'État des partisans du général Boulanger. Érection de la tour Eiffel. Scandale de Panamá.
1890	Van Gogh, *Le Champ de blé aux corbeaux*.
1891	Oscar Wilde, *Le Portrait de Dorian Gray*.

Vie et œuvre de l'auteur

1871   *10 juillet* : Naissance à Paris de Marcel Proust,
fils du médecin Adrien Proust et de Jeanne Weil.

1873   *24 mai* : Naissance de Robert, frère de Marcel.

1880   Première manifestation de l'asthme dont Marcel souffrira
toute sa vie.

1882-1889   Études secondaires au lycée Condorcet à Paris. Rédige
avec ses camarades, sur des cahiers, la *Revue Lilas*.
Premières expériences mondaines.

1889-1890   Volontariat dans l'infanterie à Orléans.

1890   Commence sans grande conviction des études de droit
à l'université et à l'École des sciences politiques.
Vie très mondaine.

Repères historiques et culturels

1892	Cézanne, *Les Joueurs de cartes*. Toulouse-Lautrec, *Aristide Bruant dans son cabaret*.
1894	Condamnation du capitaine Dreyfus. Attentats anarchistes à Paris. Kipling, *Le Livre de la jungle*.
1895	Les frères Lumière inventent le cinéma.
1897	Gide, *Les Nourritures terrestres*.
1898	Zola, *J'accuse*.
1899	Tchékhov, *Oncle Vania*.
1900	Exposition universelle à Paris.
1902	Gide, *L'Immoraliste*. Méliès, *Le Voyage dans la Lune*.
1903	Premier vol en aéroplane.
1905	Loi de séparation des Églises et de l'État.

Vie et œuvre de l'auteur

1892	Participation à la revue symboliste *Le Banquet*.
1893	Collabore à *La Revue blanche* et rencontre le dandy Robert de Montesquiou.
1895	Obtient sa licence et entre comme assistant à la bibliothèque Mazarine : il y multipliera les demandes de congé et sera considéré comme démissionnaire en 1900. Projet d'un roman autobiographique auquel il travaille jusqu'en 1899 et dont les ébauches donneront lieu à une publication posthume sous le titre de *Jean Santeuil*.
1896	Publication d'un recueil d'essais, *Les Plaisirs et les Jours*.
1897	*6 juillet* : Se bat en duel avec le journaliste et écrivain Jean Lorrain, à la suite d'insinuations sur le caractère homosexuel de ses relations avec Lucien Daudet, fils d'Alphonse.
1898	Proust s'engage en faveur de Dreyfus.
1899	Entreprend la traduction et le commentaire de *La Bible d'Amiens* du critique d'art anglais Ruskin avec l'aide de sa mère.
1900	Mort de Ruskin : Proust publie des articles à cette occasion. Voyages à Venise avec sa mère.
1903	Mort du père de Proust.
1904	Publication de la traduction commentée de *La Bible d'Amiens*.
1905	Mort de la mère de Proust.

Repères historiques et culturels

1906	Réhabilitation de Dreyfus.
1907	Picasso, *Les Demoiselles d'Avignon*.
1909	Blériot traverse la Manche en avion.
1912	Guerre dans les Balkans. Naufrage du *Titanic*. Kafka, *La Métamorphose*.
1913	Apollinaire, *Alcools*.
1914	Première Guerre mondiale. Monet, *Les Nymphéas*.
1916	Bataille de Verdun. Freud, *Introduction à la psychanalyse*.
1917	Entrée en guerre des États-Unis. Révolution russe.

Vie et œuvre de l'auteur

1906   Publication par Proust de la traduction de *Sésame et les lys* de Ruskin, précédée d'une importante préface sur la lecture.

1907   Publication dans *Le Figaro* d'un article : « Sentiments filiaux d'un parricide ». Vacances à Cabourg. Excursions nombreuses avec son chauffeur Alfred Agostinelli.

1908   Publication dans *Le Figaro* d'une série de pastiches littéraires. Début du travail sur un ouvrage critique à propos de Sainte-Beuve.

1909-1912   Le projet d'une œuvre romanesque prend forme. Il est refusé par les grandes maisons d'édition : le Mercure de France, Fasquelle, la NRF. Il en fait paraître des extraits dans *Le Figaro* et *Gil Blas*. Le titre de l'ouvrage qu'il envisage en deux volumes est *À la recherche du temps perdu*.

1913   Proust négocie avec Grasset l'édition de son roman à compte d'auteur. La première partie, *Du côté de chez Swann*, paraît le 13 novembre. Son chauffeur Agostinelli est devenu son secrétaire.

1914   Mort d'Agostinelli. Proust continue néanmoins la préparation de *Du côté de Guermantes*, deuxième partie d'une œuvre qui désormais doit en compter trois. La déclaration de guerre interrompt la publication.

1914-1918   La santé de Proust le dégage des obligations militaires : il se consacre au travail sur son roman dont l'ampleur ne cesse de croître.

Repères historiques et culturels

1918	*11 novembre* : Armistice. Tzara, *Manifeste dada*.
1919	Traité de Versailles. Fondation de la Société des Nations.
1922	Mussolini accède au pouvoir en Italie. Einstein obtient le prix Nobel de physique. Joyce, *Ulysse*.
1924	Breton, *Manifeste du surréalisme*.
1926	Eisenstein, *Le Cuirassé Potemkine*.
1927	Fleming découvre la pénicilline. Lindbergh traverse l'Atlantique en avion.

Vie et œuvre de l'auteur

1919   Publication de *Pastiches et Mélanges*. Mise en vente par la NRF en juin du deuxième tome de son roman sous le titre d'*À l'ombre des jeunes filles en fleurs*. Obtient le prix Goncourt en décembre.

1920   Publication de la première partie de *Du côté de Guermantes*.

1921   Publication de la seconde partie de *Du côté de Guermantes* et de la première de *Sodome et Gomorrhe*. Violent malaise de Proust lors d'une sortie.

1922   Publication de la fin de *Sodome et Gomorrhe*. Il vit désormais totalement reclus et tente désespérément d'achever son œuvre. *18 novembre* : Il meurt d'une pneumonie.

1923   Son frère et Jacques Rivière entreprennent la publication de l'œuvre de Marcel Proust : *La Prisonnière* paraît en novembre.

1925   Publication d'*Albertine disparue* ou *La Fugitive*.

1927   Publication du *Temps retrouvé*.

Combray
(Du côté de chez Swann)

I

Longtemps, je me suis couché de bonne heure. Parfois, à peine ma bougie éteinte, mes yeux se fermaient si vite que je n'avais pas le temps de me dire : «Je m'endors.» Et, une demi-heure après, la pensée qu'il était temps de chercher le sommeil m'éveillait ; je voulais poser le volume que je croyais avoir encore dans les mains et souffler ma lumière ; je n'avais pas cessé en dormant de faire des réflexions sur ce que je venais de lire, mais ces réflexions avaient pris un tour un peu particulier ; il me semblait que j'étais moi-même ce dont parlait l'ouvrage : une église, un quatuor [1], la rivalité de François Ier et de Charles Quint [2]. Cette croyance survivait pendant quelques secondes à mon réveil ; elle ne choquait pas ma raison mais pesait comme des écailles sur mes yeux et les empêchait de se rendre compte que le bougeoir n'était plus allumé. Puis elle commençait à me devenir inintelligible, comme après la métempsycose [3] les pensées d'une existence antérieure ; le sujet du livre se détachait de moi, j'étais libre de m'y appliquer ou non ; aussitôt je recouvrais [4] la vue et j'étais bien

---

1. _Quatuor_ : morceau de musique écrit pour quatre instruments ou quatre voix.
2. _Charles Quint_ : empereur d'Allemagne et roi d'Espagne (1500-1558) qui lutta contre François Ier, roi de France (1494-1547), pour la possession des territoires de Bourgogne.
3. _Métempsycose_ : réincarnation, passage de l'âme d'un corps dans un autre après la mort.
4. _Je recouvrais_ : je retrouvais.

étonné de trouver autour de moi une obscurité, douce et repo-
sante pour mes yeux, mais peut-être plus encore pour mon esprit,
20 à qui elle apparaissait comme une chose sans cause, incompréhensible, comme une chose vraiment obscure. Je me demandais
quelle heure il pouvait être ; j'entendais le sifflement des trains
qui, plus ou moins éloigné, comme le chant d'un oiseau dans
une forêt, relevant les distances, me décrivait l'étendue de la cam-
25 pagne déserte où le voyageur se hâte vers la station prochaine ; et
le petit chemin qu'il suit va être gravé dans son souvenir par
l'excitation qu'il doit à des lieux nouveaux, à des actes inaccoutu-
més, à la causerie récente et aux adieux sous la lampe étrangère
qui le suivent encore dans le silence de la nuit, à la douceur
30 prochaine du retour.

J'appuyais tendrement mes joues contre les belles joues de
l'oreiller qui, pleines et fraîches, sont comme les joues de notre
enfance. Je frottais une allumette pour regarder ma montre. Bientôt minuit. C'est l'instant où le malade, qui a été obligé de partir
35 en voyage et a dû coucher dans un hôtel inconnu, réveillé par une
crise, se réjouit en apercevant sous la porte une raie de jour. Quel
bonheur, c'est déjà le matin ! Dans un moment les domestiques
seront levés, il pourra sonner, on viendra lui porter secours.
L'espérance d'être soulagé lui donne du courage pour souffrir.
40 Justement il a cru entendre des pas ; les pas se rapprochent, puis
s'éloignent. Et la raie de jour qui était sous sa porte a disparu.
C'est minuit ; on vient d'éteindre le gaz[1] ; le dernier domestique
est parti et il faudra rester toute la nuit à souffrir sans remède.

Je me rendormais, et parfois je n'avais plus que de courts
45 réveils d'un instant, le temps d'entendre les craquements orga-
niques des boiseries, d'ouvrir les yeux pour fixer le kaléidoscope[2]
de l'obscurité, de goûter grâce à une lueur momentanée de
conscience le sommeil où étaient plongés les meubles, la chambre,

---

1. À l'époque, l'éclairage se faisait au gaz.
2. *Kaléidoscope* : au sens figuré, succession changeante d'impressions et de
sensations.

le tout dont je n'étais qu'une petite partie et à l'insensibilité duquel
je retournais vite m'unir. Ou bien en dormant j'avais rejoint sans
effort un âge à jamais révolu de ma vie primitive, retrouvé telle de
mes terreurs enfantines comme celle que mon grand-oncle me tirât
par mes boucles et qu'avait dissipée le jour – date pour moi d'une
ère nouvelle – où on les avait coupées. J'avais oublié cet événement pendant mon sommeil, j'en retrouvais le souvenir aussitôt
que j'avais réussi à m'éveiller pour échapper aux mains de mon
grand-oncle, mais par mesure de précaution j'entourais complète-
ment ma tête de mon oreiller avant de retourner dans le monde
des rêves.

Quelquefois, comme Ève naquit d'une côte d'Adam[1], une
femme naissait pendant mon sommeil d'une fausse position de
ma cuisse. Formée du plaisir que j'étais sur le point de goûter, je
m'imaginais que c'était elle qui me l'offrait. Mon corps qui sentait
dans le sien ma propre chaleur voulait s'y rejoindre, je m'éveillais.
Le reste des humains m'apparaissait comme bien lointain auprès
de cette femme que j'avais quittée il y avait quelques moments à
peine ; ma joue était chaude encore de son baiser, mon corps
courbaturé par le poids de sa taille. Si, comme il arrivait quelquefois, elle avait les traits d'une femme que j'avais connue dans la
vie, j'allais me donner tout entier à ce but : la retrouver, comme
ceux qui partent en voyage pour voir de leurs yeux une cité dési-
rée et s'imaginent qu'on peut goûter dans une réalité le charme
du songe. Peu à peu son souvenir s'évanouissait, j'avais oublié la
fille de mon rêve.

Un homme qui dort, tient en cercle autour de lui le fil des
heures, l'ordre des années et des mondes. Il les consulte d'instinct
en s'éveillant et y lit en une seconde le point de la terre qu'il
occupe, le temps qui s'est écoulé jusqu'à son réveil ; mais leurs
rangs peuvent se mêler, se rompre. Que vers le matin après

---

1. Allusion à la Genèse, premier livre de la Bible. Dieu crée Adam, premier
homme et lui prélève une côte, à partir de laquelle il lui façonne une
compagne, Ève.

80 quelque insomnie, le sommeil le prenne en train de lire, dans une
posture[1] trop différente de celle où il dort habituellement, il suffit
de son bras soulevé pour arrêter et faire reculer le soleil, et à la
première minute de son réveil, il ne saura plus l'heure, il estimera
qu'il vient à peine de se coucher. Que s'il s'assoupit dans une
85 position encore plus déplacée et divergente, par exemple après
dîner assis dans un fauteuil, alors le bouleversement sera complet
dans les mondes désorbités[2], le fauteuil magique le fera voyager à
toute vitesse dans le temps et dans l'espace, et au moment
d'ouvrir les paupières, il se croira couché quelques mois plus tôt
90 dans une autre contrée. Mais il suffisait que, dans mon lit même,
mon sommeil fût profond et détendît entièrement mon esprit ;
alors celui-ci lâchait le plan du lieu où je m'étais endormi, et
quand je m'éveillais au milieu de la nuit, comme j'ignorais où je
me trouvais, je ne savais même pas au premier instant qui j'étais ;
95 j'avais seulement dans sa simplicité première, le sentiment de
l'existence comme il peut frémir au fond d'un animal ; j'étais plus
dénué que l'homme des cavernes ; mais alors le souvenir – non
encore du lieu où j'étais, mais de quelques-uns de ceux que j'avais
habités et où j'aurais pu être – venait à moi comme un secours
100 d'en haut pour me tirer du néant d'où je n'aurais pu sortir tout
seul ; je passais en une seconde par-dessus des siècles de civilisa-
tion, et l'image confusément entrevue de lampes à pétrole, puis
de chemises à col rabattu[3], recomposaient peu à peu les traits
originaux de mon moi. [...]

105   À Combray, tous les jours dès la fin de l'après-midi, longtemps avant le moment où il faudrait me mettre au lit et rester,
sans dormir, loin de ma mère et de ma grand-mère, ma chambre
à coucher redevenait le point fixe et douloureux de mes préoccupations. On avait bien inventé, pour me distraire les soirs où on
110 me trouvait l'air trop malheureux, de me donner une lanterne

---

1. *Posture* : position.
2. *Désorbités* : sortis de leur orbite.
3. *Rabattu* : aplati.

magique[1], dont, en attendant l'heure du dîner, on coiffait ma lampe ; et, à l'instar[2] des premiers architectes et maîtres verriers de l'âge gothique[3], elle substituait à l'opacité des murs d'impalpables irisations[4], de surnaturelles apparitions multicolores, où
115 des légendes étaient dépeintes comme dans un vitrail vacillant et momentané. Mais ma tristesse n'en était qu'accrue, parce que rien que le changement d'éclairage détruisait l'habitude que j'avais de ma chambre et grâce à quoi, sauf le supplice du coucher, elle m'était devenue supportable. Maintenant je ne la
120 reconnaissais plus et j'y étais inquiet, comme dans une chambre d'hôtel ou de « chalet », où je fusse arrivé pour la première fois en descendant de chemin de fer. [...]

Après le dîner, hélas, j'étais bientôt obligé de quitter maman qui restait à causer avec les autres, au jardin s'il faisait beau, dans
125 le petit salon où tout le monde se retirait s'il faisait mauvais. [...]

Ma seule consolation, quand je montais me coucher, était que maman viendrait m'embrasser quand je serais dans mon lit. Mais ce bonsoir durait si peu de temps, elle redescendait si vite, que le moment où je l'entendais monter, puis où passait dans le couloir à
130 double porte le bruit léger de sa robe de jardin en mousseline[5] bleue, à laquelle pendaient de petits cordons de paille tressée, était pour moi un moment douloureux. Il annonçait celui qui allait le suivre, où elle m'aurait quitté, où elle serait redescendue. De sorte que ce bonsoir que j'aimais tant, j'en arrivais à souhaiter
135 qu'il vînt le plus tard possible, à ce que se prolongeât le temps de répit où maman n'était pas encore venue. Quelquefois quand,

---

1. *Lanterne magique* : instrument d'optique grâce auquel on projette sur le mur des images grossies et parfois en mouvement. Il s'agit de l'un des ancêtres du cinéma.

2. *À l'instar de* : à la manière de.

3. *L'âge gothique* : désigne ici le Moyen Âge, et plus précisément la période de construction des cathédrales.

4. *Irisations* : couleurs produites par la décomposition de la lumière.

5. *Mousseline* : tissu de coton léger et fin, de couleur claire.

après m'avoir embrassé, elle ouvrait la porte pour partir, je voulais la rappeler, lui dire « embrasse-moi une fois encore », mais je savais qu'aussitôt elle aurait son visage fâché, car la concession qu'elle
140 faisait à ma tristesse et à mon agitation en montant m'embrasser, en m'apportant ce baiser de paix, agaçait mon père qui trouvait ces rites absurdes, et elle eût voulu tâcher de m'en faire perdre le besoin, l'habitude, bien loin de me laisser prendre celle de lui demander, quand elle était déjà sur le pas de la porte, un baiser
145 de plus. Or la voir fâchée détruisait tout le calme qu'elle m'avait apporté un instant avant, quand elle avait penché vers mon lit sa figure aimante, et me l'avait tendue comme une hostie pour une communion[1] de paix où mes lèvres puiseraient sa présence réelle et le pouvoir de m'endormir. Mais ces soirs-là, où maman en
150 somme restait si peu de temps dans ma chambre, étaient doux encore en comparaison de ceux où il y avait du monde à dîner et où, à cause de cela, elle ne montait pas me dire bonsoir. Le monde se bornait habituellement à M. Swann, qui, en dehors de quelques étrangers de passage, était à peu près la seule personne qui vînt
155 chez nous à Combray, quelquefois pour dîner en voisin (plus rarement depuis qu'il avait fait ce mauvais mariage, parce que mes parents ne voulaient pas recevoir sa femme), quelquefois après le dîner, à l'improviste. Les soirs où, assis devant la maison sous le grand marronnier, autour de la table de fer, nous enten-
160 dions au bout du jardin, non pas le grelot profus[2] et criard qui arrosait, qui étourdissait au passage de son bruit ferrugineux[3], intarissable et glacé, toute personne de la maison qui le déclen-chait en entrant « sans sonner », mais le double tintement timide, ovale et doré de la clochette pour les étrangers, tout le monde

---

1. *Comme une hostie pour une communion* : l'hostie est le pain partagé lors du culte catholique au moment que l'on nomme communion. Lors de cet acte, le Christ s'incarne dans l'hostie. Ce rituel commémore le dernier repas de Jésus avec ses disciples ; c'est un symbole de paix.
2. *Profus* : abondant.
3. *Ferrugineux* : qui contient du fer.

165 aussitôt se demandait : « Une visite, qui cela peut-il être ? » mais on
savait bien que cela ne pouvait être que M. Swann ; ma grand-
tante parlant à haute voix, pour prêcher d'exemple [1], sur un ton
qu'elle s'efforçait de rendre naturel, disait de ne pas chuchoter
ainsi ; que rien n'est plus désobligeant pour une personne qui
170 arrive et à qui cela fait croire qu'on est en train de dire des choses
qu'elle ne doit pas entendre ; et on envoyait en éclaireur ma grand-
mère, toujours heureuse d'avoir un prétexte pour faire un tour de
jardin de plus, et qui en profitait pour arracher subrepticement au
passage quelques tuteurs de rosiers afin de rendre aux roses un
175 peu de naturel, comme une mère qui, pour les faire bouffer [2],
passe la main dans les cheveux de son fils que le coiffeur a trop
aplatis. […]

Mais le seul d'entre nous pour qui la venue de Swann devint
l'objet d'une préoccupation douloureuse, ce fut moi. C'est que les
180 soirs où des étrangers, ou seulement M. Swann, étaient là, maman
ne montait pas dans ma chambre. Je dînais avant tout le monde et
je venais ensuite m'asseoir à table, jusqu'à huit heures où il était
convenu que je devais monter ; ce baiser précieux et fragile que
maman me confiait d'habitude dans mon lit au moment de
185 m'endormir il me fallait le transporter de la salle à manger dans
ma chambre et le garder pendant tout le temps que je me désha-
billais, sans que se brisât sa douceur, sans que se répandît et
s'évaporât sa vertu [3] volatile [4] et, justement ces soirs-là où j'aurais
eu besoin de le recevoir avec plus de précaution, il fallait que je le
190 prisse, que je le dérobasse brusquement, publiquement, sans
même avoir le temps et la liberté d'esprit nécessaires pour porter
à ce que je faisais cette attention des maniaques [5] qui s'efforcent de

---

1. *Pour prêcher d'exemple* : pour donner l'exemple.
2. *Bouffer* : gonfler.
3. *Vertu* : efficacité ou principe d'une chose.
4. *Volatile* : qui s'évapore et disparaît facilement.
5. *Maniaques* : individus exagérément attachés à des habitudes. Ces obses-
sions peuvent prendre la forme d'une véritable maladie mentale.

ne pas penser à autre chose pendant qu'ils ferment une porte, pour pouvoir, quand l'incertitude maladive leur revient, lui opposer victorieusement le souvenir du moment où ils l'ont fermée. Nous étions tous au jardin quand retentirent les deux coups hésitants de la clochette. On savait que c'était Swann ; néanmoins tout le monde se regarda d'un air interrogateur et on envoya ma grand-mère en reconnaissance. «Pensez à le remercier intelligiblement de son vin [1], vous savez qu'il est délicieux et la caisse est énorme», recommanda mon grand-père à ses deux belles-sœurs. «Ne commencez pas à chuchoter, dit ma grand-tante. Comme c'est confortable d'arriver dans une maison où tout le monde parle bas. – Ah ! voilà M. Swann. Nous allons lui demander s'il croit qu'il fera beau demain», dit mon père. Ma mère pensait qu'un mot d'elle effacerait toute la peine que dans notre famille on avait pu faire à Swann depuis son mariage. Elle trouva le moyen de l'emmener un peu à l'écart. Mais je la suivis ; je ne pouvais me décider à la quitter d'un pas en pensant que tout à l'heure il faudrait que je la laisse dans la salle à manger et que je remonte dans ma chambre sans avoir comme les autres soirs la consolation qu'elle vînt m'embrasser. «Voyons, monsieur Swann, lui dit-elle, parlez-moi un peu de votre fille ; je suis sûre qu'elle a déjà le goût des belles œuvres comme son papa. – Mais venez donc vous asseoir avec nous tous sous la véranda [2]», dit mon grand-père en s'approchant. Ma mère fut obligée de s'interrompre, mais elle tira de cette contrainte même une pensée délicate de plus, comme les bons poètes que la tyrannie de la rime force à trouver leurs plus grandes beautés : «Nous reparlerons d'elle quand nous serons tous les deux, dit-elle à mi-voix à Swann. Il n'y a qu'une maman qui soit digne de vous comprendre. Je suis sûre que la sienne serait de mon avis.» Nous nous assîmes tous autour de la table de fer. J'aurais voulu ne pas penser aux heures d'angoisse que je

---

1. Swann a fait livrer une caisse de vin à ses voisins quelques jours plus tôt.
2. *Véranda* : petite galerie vitrée devant une maison, qui sert de salon.

passerais ce soir seul dans ma chambre sans pouvoir m'endormir ;
225 je tâchais de me persuader qu'elles n'avaient aucune importance,
puisque je les aurais oubliées demain matin, de m'attacher à des
idées d'avenir qui auraient dû me conduire comme sur un pont au-
delà de l'abîme prochain qui m'effrayait. Mais mon esprit tendu
par ma préoccupation, rendu convexe[1] comme le regard que je
230 dardais[2] sur ma mère, ne se laissait pénétrer par aucune impression étrangère. Les pensées entraient bien en lui, mais à condition
de laisser dehors tout élément de beauté ou simplement de drôle-
rie qui m'eût touché ou distrait. Comme un malade, grâce à un
anesthésique, assiste avec une pleine lucidité à l'opération qu'on
235 pratique sur lui, mais sans rien sentir, je pouvais me réciter des
vers que j'aimais ou observer les efforts que mon grand-père faisait pour parler à Swann du Duc d'Audiffret-Pasquier, sans que les
premiers me fissent éprouver aucune émotion, les seconds aucune
gaieté. Ces efforts furent infructueux[3]. À peine mon grand-père
240 eut-il posé à Swann une question relative à cet orateur qu'une des
sœurs de ma grand-mère, aux oreilles de qui cette question
résonna comme un silence profond mais intempestif[4] et qu'il
était poli de rompre, interpella l'autre : «Imagine-toi, Céline, que
j'ai fait la connaissance d'une jeune institutrice suédoise qui m'a
245 donné sur les coopératives dans les pays scandinaves des détails
tout ce qu'il y a de plus intéressants. Il faudra qu'elle vienne dîner
ici un soir. – Je crois bien ! répondit sa sœur Flora, mais je n'ai pas
perdu mon temps non plus. J'ai rencontré chez M. Vinteuil un
vieux savant qui connaît beaucoup Maubant, et à qui Maubant a
250 expliqué dans le plus grand détail comment il s'y prend pour
composer un rôle. C'est tout ce qu'il y a de plus intéressant. C'est
un voisin de M. Vinteuil, je n'en savais rien ; et il est très aimable.
– Il n'y a pas que M. Vinteuil qui ait des voisins aimables », s'écria

---

1. *Convexe* : arrondi ; ici : replié sur lui-même.
2. *Je dardais* : je lançais comme un dard, une flèche ; ici : avec insistance.
3. *Infructueux* : sans fruit, inutiles.
4. *Intempestif* : déplacé, mal à propos.

ma tante Céline d'une voix que la timidité rendait forte et la
255 préméditation, factice[1], tout en jetant sur Swann ce qu'elle appelait un regard significatif. En même temps ma tante Flora qui avait
compris que cette phrase était le remerciement de Céline pour le
vin d'Asti, regardait également Swann avec un air mêlé de congra-
tulation et d'ironie, soit simplement pour souligner le trait d'esprit
260 de sa sœur, soit qu'elle enviât Swann de l'avoir inspiré, soit qu'elle
ne pût s'empêcher de se moquer de lui parce qu'elle le croyait sur
la sellette[2]. [...]

Je ne quittais pas ma mère des yeux, je savais que quand on
serait à table, on ne me permettrait pas de rester pendant toute la
265 durée du dîner et que pour ne pas contrarier mon père, maman ne
me laisserait pas l'embrasser à plusieurs reprises devant le monde,
comme si ç'avait été dans ma chambre. Aussi je me promettais,
dans la salle à manger, pendant qu'on commencerait à dîner et
que je sentirais approcher l'heure, de faire d'avance de ce baiser
270 qui serait si court et furtif, tout ce que j'en pouvais faire seul, de
choisir avec mon regard la place de la joue que j'embrasserais, de
préparer ma pensée pour pouvoir grâce à ce commencement mental de baiser consacrer toute la minute que m'accorderait maman
à sentir sa joue contre mes lèvres, comme un peintre qui ne peut
275 obtenir que de courtes séances de pose, prépare sa palette, et a fait
d'avance de souvenir, d'après ses notes, tout ce pour quoi il pouvait à la rigueur se passer de la présence du modèle.

Mais voici qu'avant que le dîner fût sonné mon grand-père
eut la férocité inconsciente de dire : « Le petit a l'air fatigué, il
280 devrait monter se coucher. On dîne tard du reste ce soir. » Et
mon père, qui ne gardait pas aussi scrupuleusement que ma
grand-mère et que ma mère la foi des traités, dit : « Oui, allons,
va te coucher. » Je voulus embrasser maman, à cet instant on
entendit la cloche du dîner. « Mais non, voyons, laisse ta mère,

---

1. *Factice* : artificielle.
2. *Sur la sellette* : objet des regards et des conversations de l'assemblée.

285 vous vous êtes assez dit bonsoir comme cela, ces manifestations sont ridicules. Allons, monte ! » Et il me fallut partir sans viatique [1] ; il me fallut monter chaque marche de l'escalier, comme dit l'expression populaire, à « contrecœur », montant contre mon cœur qui voulait retourner près de ma mère parce qu'elle ne lui
290 avait pas, en m'embrassant, donné licence [2] de me suivre. Cet escalier détesté où je m'engageais toujours si tristement, exhalait [3] une odeur de vernis qui avait en quelque sorte absorbé, fixé, cette sorte particulière de chagrin que je ressentais chaque soir et la rendait peut-être plus cruelle encore pour ma sensibilité
295 parce que sous cette forme olfactive [4] mon intelligence n'en pouvait plus prendre sa part. Quand nous dormons et qu'une rage de dents n'est encore perçue par nous que comme une jeune fille que nous nous efforçons deux cents fois de suite de tirer de l'eau ou que comme un vers de Molière que nous nous répétons sans
300 arrêter, c'est un grand soulagement de nous réveiller et que notre intelligence puisse débarrasser l'idée de rage de dents, de tout déguisement héroïque ou cadencé [5]. C'est l'inverse de ce soulagement que j'éprouvais quand mon chagrin de monter dans ma chambre entrait en moi d'une façon infiniment plus rapide,
305 presque instantanée, à la fois insidieuse [6] et brusque, par l'inhalation [7] – beaucoup plus toxique que la pénétration morale – de l'odeur de vernis particulière à cet escalier. Une fois dans ma chambre, il fallut boucher toutes les issues, fermer les volets, creuser mon propre tombeau, en défaisant mes couvertures, revê-
310 tir le suaire [8] de ma chemise de nuit. Mais avant de m'ensevelir

---

1. *Viatique* : soutien, secours.
2. *Donné licence* : donné l'autorisation ou la liberté de faire quelque chose.
3. *Exhalait* : dégageait.
4. *Olfactive* : liée à l'odorat.
5. *Cadencé* : rythmé.
6. *Insidieuse* : sournoise, trompeuse.
7. *Inhalation* : absorption par les voies respiratoires.
8. *Suaire* : drap dont on enveloppe les morts.

© Guy Delcourt Productions – Stéphane Heuet.

dans le lit de fer qu'on avait ajouté dans la chambre parce que j'avais trop chaud l'été sous les courtines [1] de reps [2] du grand lit, j'eus un mouvement de révolte, je voulus essayer d'une ruse de condamné. J'écrivis à ma mère en la suppliant de monter pour
315 une chose grave que je ne pouvais lui dire dans ma lettre. Mon effroi était que Françoise, la cuisinière de ma tante qui était chargée de s'occuper de moi quand j'étais à Combray, refusât de porter mon mot. Je me doutais que pour elle, faire une commission à ma mère quand il y avait du monde lui paraîtrait aussi
320 impossible que pour le portier d'un théâtre de remettre une lettre à un acteur pendant qu'il est en scène. Elle possédait à l'égard des choses qui peuvent ou ne peuvent pas se faire un code impérieux, abondant, subtil et intransigeant [3] sur des distinctions insaisissables ou oiseuses [4] (ce qui lui donnait l'apparence de ces lois
325 antiques qui, à côté de prescriptions féroces comme de massacrer les enfants à la mamelle [5], défendent avec une délicatesse exagérée de faire bouillir le chevreau dans le lait de sa mère [6], ou de manger dans un animal le nerf de la cuisse). Ce code, si l'on en jugeait par l'entêtement soudain qu'elle mettait à ne pas vouloir
330 faire certaines commissions que nous lui donnions, semblait avoir prévu des complexités sociales et des raffinements mondains tels que rien dans l'entourage de Françoise et dans sa vie de domestique de village n'avait pu les lui suggérer ; et l'on était obligé de se dire qu'il y avait en elle un passé français très ancien,
335 noble et mal compris, comme dans ces cités manufacturières [7] où

---

1. *Courtines* : rideaux de lit.
2. *Reps* : tissu d'ameublement.
3. *Intransigeant* : qui refuse le compromis.
4. *Oiseuses* : inutiles, artificielles.
5. Allusion probable au massacre des Innocents : selon l'Évangile de Matthieu, le roi Hérode fit tuer seize enfants juifs pour éviter la venue du Messie.
6. Allusion à l'interdit biblique, formulé dans le Deutéronome et essentiellement appliqué par les juifs, de consommer dans le même repas une viande et un produit laitier.
7. *Manufacturières* : industrielles.

de vieux hôtels témoignent qu'il y eut jadis une vie de cour, et où les ouvriers d'une usine de produits chimiques travaillent au milieu de délicates sculptures qui représentent le miracle de saint Théophile[1] ou les quatre fils Aymon[2]. Dans le cas particulier,

340 l'article du code à cause duquel il était peu probable que sauf le cas d'incendie Françoise allât déranger maman en présence de M. Swann pour un aussi petit personnage que moi, exprimait simplement le respect qu'elle professait non seulement pour les parents – comme pour les morts, les prêtres et les rois – mais

345 encore pour l'étranger à qui on donne l'hospitalité, respect qui m'aurait peut-être touché dans un livre mais qui m'irritait toujours dans sa bouche, à cause du ton grave et attendri qu'elle prenait pour en parler, et davantage ce soir où le caractère sacré qu'elle conférait[3] au dîner avait pour effet qu'elle refuserait d'en

350 troubler la cérémonie. Mais pour mettre une chance de mon côté, je n'hésitai pas à mentir et à lui dire que ce n'était pas du tout moi qui avais voulu écrire à maman, mais que c'était maman qui, en me quittant, m'avait recommandé de ne pas oublier de lui envoyer une réponse relativement à un objet qu'elle m'avait prié

355 de chercher ; et elle serait certainement très fâchée si on ne lui remettait pas ce mot. Je pense que Françoise ne me crut pas, car, comme les hommes primitifs dont les sens étaient plus puissants que les nôtres, elle discernait immédiatement, à des signes insaisissables pour nous, toute vérité que nous voulions lui cacher ;

360 elle regarda pendant cinq minutes l'enveloppe comme si l'examen du papier et l'aspect de l'écriture allaient la renseigner sur la nature du contenu ou lui apprendre à quel article de son code elle devait se référer. Puis elle sortit d'un air résigné qui semblait

---

1. *Théophile* : il signa un pacte avec le Diable mais la Vierge Marie lui pardonna et annula le pacte. Ce sujet a inspiré de nombreux artistes au Moyen Âge.
2. *Les quatre fils Aymon* : héros d'une chanson de geste du XIIe siècle racontant l'opposition des quatre fils du duc Aymes à Charlemagne.
3. *Elle conférait* : elle donnait.

signifier : «C'est-il pas malheureux pour des parents d'avoir un
365 enfant pareil ! » Elle revint au bout d'un moment me dire qu'on
n'en était encore qu'à la glace, qu'il était impossible au maître
d'hôtel de remettre la lettre en ce moment devant tout le monde,
mais que, quand on serait aux rince-bouche[1], on trouverait le
moyen de la faire passer à maman. Aussitôt mon anxiété tomba ;
370 maintenant ce n'était plus comme tout à l'heure pour jusqu'à
demain que j'avais quitté ma mère, puisque mon petit mot allait,
la fâchant sans doute (et doublement parce que ce manège me
rendrait ridicule aux yeux de Swann), me faire du moins entrer
invisible et ravi dans la même pièce qu'elle, allait lui parler de
375 moi à l'oreille ; puisque cette salle à manger interdite, hostile, où,
il y avait un instant encore, la glace elle-même – le «granité[2]» –
et les rince-bouche me semblaient receler des plaisirs malfaisants
et mortellement tristes parce que maman les goûtait loin de moi,
s'ouvrait à moi et, comme un fruit devenu doux qui brise son
380 enveloppe, allait faire jaillir, projeter jusqu'à mon cœur enivré
l'attention de maman tandis qu'elle lirait mes lignes. Maintenant
je n'étais plus séparé d'elle ; les barrières étaient tombées, un fil
délicieux nous réunissait. Et puis, ce n'était pas tout : maman
allait sans doute venir !

385   L'angoisse que je venais d'éprouver, je pensais que Swann
s'en serait bien moqué s'il avait lu ma lettre et en avait deviné le
but ; or, au contraire, comme je l'ai appris plus tard, une angoisse
semblable fut le tourment de longues années de sa vie et personne, aussi bien que lui peut-être, n'aurait pu me comprendre ;
390 lui, cette angoisse qu'il y a à sentir l'être qu'on aime dans un lieu
de plaisir où l'on n'est pas, où l'on ne peut pas le rejoindre, c'est
l'amour qui la lui a fait connaître, l'amour, auquel elle est en
quelque sorte prédestinée[3], par lequel elle sera accaparée,

---

1. *Rince-bouche* : petit récipient contenant de l'eau et destiné à se rincer la
bouche à la fin du repas.
2. *Granité* : glace granulée.
3. *Prédestinée* : vouée par avance.

spécialisée ; mais quand, comme pour moi, elle est entrée en nous
395 avant qu'il ait encore fait son apparition dans notre vie, elle flotte
en l'attendant, vague et libre, sans affectation[1] déterminée, au
service un jour d'un sentiment, le lendemain d'un autre, tantôt de
la tendresse filiale ou de l'amitié pour un camarade. Et la joie avec
laquelle je fis mon premier apprentissage quand Françoise revint
400 me dire que ma lettre serait remise, Swann l'avait bien connue
aussi cette joie trompeuse que nous donne quelque ami, quelque
parent de la femme que nous aimons, quand arrivant à l'hôtel ou
au théâtre où elle se trouve, pour quelque bal, redoute[2], ou première où il va la retrouver, cet ami nous aperçoit errant dehors,
405 attendant désespérément quelque occasion de communiquer avec
elle. Il nous reconnaît, nous aborde familièrement, nous demande
ce que nous faisons là. Et comme nous inventons que nous avons
quelque chose d'urgent à dire à sa parente ou amie, il nous assure
que rien n'est plus simple, nous fait entrer dans le vestibule[3] et
410 nous promet de nous l'envoyer avant cinq minutes. Que nous
l'aimons – comme en ce moment j'aimais Françoise – l'intermédiaire bien intentionné qui d'un mot vient de nous rendre supportable, humaine et presque propice[4] la fête inconcevable, infernale,
au sein de laquelle nous croyions que des tourbillons ennemis,
415 pervers et délicieux entraînaient loin de nous, la faisant rire de
nous, celle que nous aimons. Si nous en jugeons par lui, le parent
qui nous a accosté et qui est lui aussi un des initiés[5] des cruels
mystères, les autres invités de la fête ne doivent rien avoir de bien
démoniaque. Ces heures inaccessibles et suppliciantes[6] où elle

---

1. *Affectation* : utilisation.

2. *Redoute* : fête, bal.

3. *Vestibule* : pièce d'entrée d'une maison ou d'un appartement.

4. *Propice* : favorable.

5. *Initiés* : l'initié est un individu auquel des secrets ont été révélés. Le terme de « mystères » utilisé ici est une allusion à des cultes antiques secrets, appelés « religions à mystères ». On en trouvait en Grèce à Éleusis, par exemple.

6. *Suppliciantes* : torturantes.

420 allait goûter des plaisirs inconnus, voici que par une brèche ines-
pérée nous y pénétrons ; voici qu'un des moments dont la succession les aurait composées, un moment aussi réel que les autres,
même peut-être plus important pour nous, parce que notre maîtresse y est plus mêlée, nous nous le représentons, nous le possé-
425 dons, nous y intervenons, nous l'avons créé presque : le moment
où on va lui dire que nous sommes là, en bas. Et sans doute les
autres moments de la fête ne devaient pas être d'une essence bien
différente de celui-là, ne devaient rien avoir de plus délicieux et qui
dût tant nous faire souffrir puisque l'ami bienveillant nous a dit :
430 « Mais elle sera ravie de descendre ! Cela lui fera beaucoup plus de
plaisir de causer avec vous que de s'ennuyer là-haut. » Hélas !
Swann en avait fait l'expérience, les bonnes intentions d'un tiers [1]
sont sans pouvoir sur une femme qui s'irrite de se sentir poursui-
vie jusque dans une fête par quelqu'un qu'elle n'aime pas. Sou-
435 vent, l'ami redescend seul.

Ma mère ne vint pas, et sans ménagements pour mon amour-
propre (engagé à ce que la fable de la recherche dont elle était
censée m'avoir prié de lui dire le résultat ne fût pas démentie) me
fit dire par Françoise ces mots : « Il n'y a pas de réponse » que
440 depuis j'ai si souvent entendu des concierges de « palaces » ou des
valets de pied [2] de tripots [3], rapporter à quelque pauvre fille qui
s'étonne : « Comment, il n'a rien dit, mais c'est impossible ! Vous
avez pourtant bien remis ma lettre. C'est bien, je vais attendre
encore. » Et – de même qu'elle assure invariablement n'avoir pas
445 besoin du bec [4] supplémentaire que le concierge veut allumer pour
elle, et reste là, n'entendant plus que les rares propos sur le temps
qu'il fait échangés entre le concierge et un chasseur [5] qu'il envoie
tout d'un coup en s'apercevant de l'heure, faire rafraîchir dans la

---

1. *D'un tiers* : d'une troisième personne, étrangère au couple, ici.
2. *Valets de pied* : domestiques en livrée.
3. *Tripots* : cafés ou lieux quelconques où l'on joue de l'argent.
4. *Bec* : bec de gaz servant à l'éclairage.
5. *Chasseur* : domestique attaché à un hôtel ou un restaurant.

glace la boisson d'un client – ayant décliné l'offre de Françoise de
450 me faire de la tisane ou de rester auprès de moi, je la laissai retourner à l'office [1], je me couchai et je fermai les yeux en tâchant de ne
pas entendre la voix de mes parents qui prenaient le café au jardin.
Mais au bout de quelques secondes, je sentis qu'en écrivant ce mot
à maman, en m'approchant, au risque de la fâcher, si près d'elle
455 que j'avais cru toucher le moment de la revoir, je m'étais barré la
possibilité de m'endormir sans l'avoir revue, et les battements de
mon cœur, de minute en minute devenaient plus douloureux parce
que j'augmentais mon agitation en me prêchant un calme qui était
l'acceptation de mon infortune. Tout à coup mon anxiété tomba,
460 une félicité [2] m'envahit comme quand un médicament puissant
commence à agir et nous enlève une douleur : je venais de prendre
la résolution de ne plus essayer de m'endormir sans avoir revu
maman, de l'embrasser coûte que coûte, bien que ce fût avec la
certitude d'être ensuite fâché pour longtemps avec elle, quand elle
465 remonterait se coucher. Le calme qui résultait de mes angoisses
finies me mettait dans une allégresse extraordinaire, non moins
que l'attente, la soif et la peur du danger. J'ouvris la fenêtre sans
bruit et m'assis au pied de mon lit ; je ne faisais presque aucun
mouvement afin qu'on ne m'entendît pas d'en bas. Dehors, les
470 choses semblaient, elles aussi, figées en une muette attention à ne
pas troubler le clair de lune, qui doublant et reculant chaque chose
par l'extension devant elle de son reflet, plus dense et concret
qu'elle-même, avait à la fois aminci et agrandi le paysage comme
un plan replié jusque-là, qu'on développe. Ce qui avait besoin de
475 bouger, quelque feuillage de marronnier, bougeait. Mais son fris-
sonnement minutieux, total, exécuté jusque dans ses moindres
nuances et ses dernières délicatesses, ne bavait pas sur le reste, ne
se fondait pas avec lui, restait circonscrit [3]. Exposés sur ce silence

---

1. *Office* : pièce située à côté de la cuisine qui sert à la préparation du service
de table.

2. *Félicité* : bonheur, joie extrême.

3. *Circonscrit* : limité, borné.

qui n'en absorbait rien, les bruits les plus éloignés, ceux qui
480 devaient venir de jardins situés à l'autre bout de la ville, se percevaient détaillés avec un tel « fini[1] » qu'ils semblaient ne devoir cet
effet de lointain qu'à leur pianissimo, comme ces motifs en sour-
dine si bien exécutés par l'orchestre du Conservatoire que quoi-
qu'on n'en perde pas une note on croit les entendre cependant
485 loin de la salle du concert et que tous les vieux abonnés – les
sœurs de ma grand-mère aussi quand Swann leur avait donné ses
places – tendaient l'oreille comme s'ils avaient écouté les progrès
lointains d'une armée en marche qui n'aurait pas encore tourné la
rue de Trévise.

490 Je savais que le cas dans lequel je me mettais était de tous celui
qui pouvait avoir pour moi, de la part de mes parents, les consé-
quences les plus graves, bien plus graves en vérité qu'un étranger
n'aurait pu le supposer, de celles qu'il aurait cru que pouvaient
produire seules des fautes vraiment honteuses. Mais dans l'éduca-
495 tion qu'on me donnait, l'ordre des fautes n'était pas le même que
dans l'éducation des autres enfants et on m'avait habitué à placer
avant toutes les autres (parce que sans doute il n'y en avait pas
contre lesquelles j'eusse besoin d'être plus soigneusement gardé)
celles dont je comprends maintenant que leur caractère commun
500 est qu'on y tombe en cédant à une impulsion nerveuse. Mais alors
on ne prononçait pas ce mot, on ne déclarait pas cette origine qui
aurait pu me faire croire que j'étais excusable d'y succomber ou
même peut-être incapable d'y résister. Mais je les reconnaissais
bien à l'angoisse qui les précédait comme à la rigueur du châtiment
505 qui les suivait ; et je savais que celle que je venais de commettre
était de la même famille que d'autres pour lesquelles j'avais été
sévèrement puni, quoique infiniment plus grave. Quand j'irais me
mettre sur le chemin de ma mère au moment où elle monterait se
coucher, et qu'elle verrait que j'étais resté levé pour lui redire
510 bonsoir dans le couloir, on ne me laisserait plus rester à la maison,

---

1. *Fini* : qualité d'un ouvrage achevé avec soin.

on me mettrait au collège le lendemain, c'était certain. Eh bien !
dussé-je me jeter par la fenêtre cinq minutes après, j'aimais encore
mieux cela. Ce que je voulais maintenant c'était maman, c'était lui
dire bonsoir, j'étais allé trop loin dans la voie qui menait à la
515 réalisation de ce désir pour pouvoir rebrousser chemin.

J'entendis les pas de mes parents qui accompagnaient Swann ;
et quand le grelot de la porte m'eut averti qu'il venait de partir,
j'allai à la fenêtre. Maman demandait à mon père s'il avait trouvé
la langouste bonne et si M. Swann avait repris de la glace au café et
520 à la pistache. « Je l'ai trouvée bien quelconque, dit ma mère ; je
crois que la prochaine fois il faudra essayer d'un autre parfum.
– Je ne peux pas dire comme je trouve que Swann change, dit ma
grand-tante, il est d'un vieux ! » Ma grand-tante avait tellement
l'habitude de voir toujours en Swann un même adolescent, qu'elle
525 s'étonnait de le trouver tout à coup moins jeune que l'âge qu'elle
continuait à lui donner. Et mes parents du reste commençaient à
lui trouver cette vieillesse anormale, excessive, honteuse et méritée
des célibataires, de tous ceux pour qui il semble que le grand jour
qui n'a pas de lendemain soit plus long que pour les autres, parce
530 que pour eux il est vide et que les moments s'y additionnent depuis
le matin sans se diviser ensuite entre des enfants. « Je crois qu'il a
beaucoup de soucis avec sa coquine [1] de femme qui vit au su de [2]
tout Combray avec un certain monsieur de Charlus. C'est la fable [3]
de la ville. » Ma mère fit remarquer qu'il avait pourtant l'air bien
535 moins triste depuis quelque temps. « Il fait aussi moins souvent ce
geste qu'il a tout à fait comme son père de s'essuyer les yeux et de
se passer la main sur le front. Moi je crois qu'au fond il n'aime plus
cette femme. – Mais naturellement il ne l'aime plus, répondit mon
grand-père. J'ai reçu de lui il y a déjà longtemps une lettre à ce
540 sujet, à laquelle je me suis empressé de ne pas me conformer [4], et

---

1. *Coquine* : débauchée, de mauvaise vie.
2. *Au su de* : à la connaissance de.
3. *Fable* : sujet de plaisanterie et de moquerie.
4. *De ne pas me conformer* : de ne pas obéir.

qui ne laisse aucun doute sur ses sentiments, au moins d'amour, pour sa femme. Hé bien ! vous voyez, vous ne l'avez pas remercié pour l'asti », ajouta mon grand-père en se tournant vers ses deux belles-sœurs. « Comment, nous ne l'avons pas remercié ? je crois, entre nous, que je lui ai même tourné cela assez délicatement », répondit ma tante Flora. « Oui, tu as très bien arrangé cela : je t'ai admirée, dit ma tante Céline. – Mais toi tu as été très bien aussi. – Oui j'étais assez fière de ma phrase sur les voisins aimables. – Comment, c'est cela que vous appelez remercier ! s'écria mon grand-père. J'ai bien entendu cela, mais du diable si[1] j'ai cru que c'était pour Swann. Vous pouvez être sûres qu'il n'a rien compris. – Mais voyons, Swann n'est pas bête, je suis certaine qu'il a apprécié. Je ne pouvais cependant pas lui dire le nombre de bouteilles et le prix du vin ! » Mon père et ma mère restèrent seuls, et s'assirent un instant ; puis mon père dit : « Hé bien ! si tu veux, nous allons monter nous coucher. – Si tu veux, mon ami, bien que je n'aie pas l'ombre de sommeil ; ce n'est pas cette glace au café si anodine qui a pu pourtant me tenir si éveillée ; mais j'aperçois de la lumière dans l'office[2] et puisque la pauvre Françoise m'a attendue, je vais lui demander de dégrafer mon corsage[3] pendant que tu vas te déshabiller. » Et ma mère ouvrit la porte treillagée[4] du vestibule[5] qui donnait sur l'escalier. Bientôt, je l'entendis qui montait fermer sa fenêtre. J'allai sans bruit dans le couloir ; mon cœur battait si fort que j'avais de la peine à avancer, mais du moins il ne battait plus d'anxiété, mais d'épouvante et de joie. Je vis dans la cage de l'escalier la lumière projetée par la bougie de maman. Puis je la vis elle-même ; je m'élançai. À la première seconde, elle me regarda avec étonnement, ne comprenant pas ce qui était arrivé. Puis sa figure prit une expression de colère, elle ne me disait même pas un

---

1. **Du diable si…** : exclamation exprimant l'incompréhension.
2. **Office** : voir la note 1, p. 48.
3. **Corsage** : vêtement féminin qui couvre le buste, chemisier.
4. **Treillagée** : protégée d'un treillage, assemblage de bois croisé.
5. **Vestibule** : voir la note 3, p. 46.

570 mot, et en effet pour bien moins que cela on ne m'adressait plus la parole pendant plusieurs jours. Si maman m'avait dit un mot, ç'aurait été admettre qu'on pouvait me reparler et d'ailleurs cela peut-être m'eût paru plus terrible encore, comme un signe que devant la gravité du châtiment qui allait se préparer, le silence, la
575 brouille, eussent été puérils. Une parole c'eût été le calme avec lequel on répond à un domestique quand on vient de décider de le renvoyer ; le baiser qu'on donne à un fils qu'on envoie s'engager alors qu'on le lui aurait refusé si on devait se contenter d'être fâché deux jours avec lui. Mais elle entendit mon père qui montait du
580 cabinet de toilette où il était allé se déshabiller et pour éviter la scène qu'il me ferait, elle me dit d'une voix entrecoupée par la colère : « Sauve-toi, sauve-toi, qu'au moins ton père ne t'ait vu ainsi attendant comme un fou ! » Mais je lui répétais : « Viens me dire bonsoir », terrifié en voyant que le reflet de la bougie de mon
585 père s'élevait déjà sur le mur, mais aussi usant de son approche comme d'un moyen de chantage et espérant que maman, pour éviter que mon père me trouvât encore là si elle continuait à refuser, allait me dire : « Rentre dans ta chambre, je vais venir. » Il était trop tard, mon père était devant nous. Sans le vouloir, je murmu-
590 rai ces mots que personne n'entendit : « Je suis perdu ! »

Il n'en fut pas ainsi. Mon père me refusait constamment des permissions qui m'avaient été consenties dans les pactes plus larges octroyés [1] par ma mère et ma grand-mère parce qu'il ne se souciait pas des « principes » et qu'il n'y avait pas avec lui de
595 « Droit des gens ». Pour une raison toute contingente [2], ou même sans raison, il me supprimait au dernier moment telle promenade si habituelle, si consacrée [3], qu'on ne pouvait m'en priver sans parjure [4], ou bien, comme il avait encore fait ce soir, longtemps avant l'heure rituelle, il me disait : « Allons, monte te coucher, pas

---

1. *Octroyés* : accordés.
2. *Contingente* : liée à des circonstances particulières.
3. *Consacrée* : habituelle au point d'en devenir presque nécessaire et obligatoire.
4. *Parjure* : violation d'un serment.

600 d'explication ! » Mais aussi, parce qu'il n'avait pas de principes
(dans le sens de ma grand-mère), il n'avait pas à proprement
parler d'intransigeance [1]. Il me regarda un instant d'un air étonné
et fâché, puis dès que maman lui eut expliqué en quelques mots
embarrassés ce qui était arrivé, il lui dit : « Mais va donc avec lui,
605 puisque tu disais justement que tu n'as pas envie de dormir, reste
un peu dans sa chambre, moi je n'ai besoin de rien. – Mais, mon
ami, répondit timidement ma mère, que j'aie envie ou non de
dormir, ne change rien à la chose, on ne peut pas habituer cet
enfant… – Mais il ne s'agit pas d'habituer, dit mon père en haus-
610 sant les épaules, tu vois bien que ce petit a du chagrin, il a l'air
désolé, cet enfant ; voyons, nous ne sommes pas des bourreaux !
Quand tu l'auras rendu malade, tu seras bien avancée ! Puisqu'il y
a deux lits dans sa chambre, dis donc à Françoise de te préparer le
grand lit et couche pour cette nuit auprès de lui. Allons, bonsoir,
615 moi qui ne suis pas si nerveux que vous, je vais me coucher. »

On ne pouvait pas remercier mon père ; on l'eût agacé par ce
qu'il appelait des sensibleries [2]. Je restai sans oser faire un mouvement ; il était encore devant nous, grand, dans sa robe de nuit
blanche sous le cachemire [3] de l'Inde violet et rose qu'il nouait
620 autour de sa tête depuis qu'il avait des névralgies [4], avec le geste
d'Abraham [5] dans la gravure d'après Benozzo Gozzoli [6] que
m'avait donnée M. Swann, disant à Sarah [7] qu'elle a à se départir [8]

---

1. *Intransigeance* : attitude de celui qui est intransigeant (voir la note 3, p. 43).

2. *Sensibleries* : marques d'une sensibilité excessive.

3. *Cachemire* : tissu en poil de chèvre originaire de la région du Cachemire, en Inde.

4. *Névralgies* : migraines, maux de tête.

5. *Abraham* : personnage biblique, ancêtre des Arabes et des Juifs, époux de Sarah et père d'Isaac. Dieu lui demandera le sacrifice de son fils, ce qu'il accepta par obéissance ; mais à la dernière minute, Dieu substitua un bélier à l'enfant.

6. *Benozzo Gozzoli* : peintre italien du XVe siècle.

7. *Sarah* : épouse d'Abraham.

8. *Se départir* : renoncer à, se séparer de.

du côté d'Isaac. Il y a bien des années de cela. La muraille de
l'escalier, où je vis monter le reflet de sa bougie n'existe plus
625 depuis longtemps. En moi aussi bien des choses ont été détruites
que je croyais devoir durer toujours et de nouvelles se sont édifiées
donnant naissance à des peines et à des joies nouvelles que je
n'aurais pu prévoir alors, de même que les anciennes me sont
devenues difficiles à comprendre. Il y a bien longtemps aussi que
630 mon père a cessé de pouvoir dire à maman : « Va avec le petit. » La
possibilité de telles heures ne renaîtra jamais pour moi. Mais
depuis peu de temps, je recommence à très bien percevoir si je
prête l'oreille, les sanglots que j'eus la force de contenir devant
mon père et qui n'éclatèrent que quand je me retrouvai seul avec
635 maman. En réalité ils n'ont jamais cessé ; et c'est seulement parce
que la vie se tait maintenant davantage autour de moi que je les
entends de nouveau, comme ces cloches de couvents que couvrent
si bien les bruits de la ville pendant le jour qu'on les croirait
arrêtées mais qui se remettent à sonner dans le silence du soir.

640 Maman passa cette nuit-là dans ma chambre ; au moment où
je venais de commettre une faute telle que je m'attendais à être
obligé de quitter la maison, mes parents m'accordaient plus que
je n'eusse jamais obtenu d'eux comme récompense d'une belle
action. Même à l'heure où elle se manifestait par cette grâce [1], la
645 conduite de mon père à mon égard gardait ce quelque chose
d'arbitraire [2] et d'immérité qui la caractérisait et qui tenait à ce
que généralement elle résultait plutôt de convenances fortuites [3]
que d'un plan prémédité. Peut-être même que ce que j'appelais sa
sévérité, quand il m'envoyait me coucher, méritait moins ce nom
650 que celle de ma mère ou ma grand-mère, car sa nature, plus
différente en certains points de la mienne que n'était la leur,
n'avait probablement pas deviné jusqu'ici combien j'étais malheureux tous les soirs, ce que ma mère et ma grand-mère savaient

---

1. *Grâce* : faveur.
2. *Arbitraire* : sans raison, qui dépend du bon plaisir d'une personne.
3. *Convenances fortuites* : usages liés au hasard.

bien ; mais elles m'aimaient assez pour ne pas consentir à m'épargner de la souffrance, elles voulaient m'apprendre à la dominer
afin de diminuer ma sensibilité nerveuse et fortifier ma volonté.
Pour mon père, dont l'affection pour moi était d'une autre sorte,
je ne sais pas s'il aurait eu ce courage : pour une fois où il venait
de comprendre que j'avais du chagrin, il avait dit à ma mère : « Va
donc le consoler. » Maman resta cette nuit-là dans ma chambre
et, comme pour ne pas gâter [1] d'aucun remords ces heures si différentes de ce que j'avais eu le droit d'espérer, quand Françoise,
comprenant qu'il se passait quelque chose d'extraordinaire en
voyant maman assise près de moi, qui me tenait la main et me
laissait pleurer sans me gronder, lui demanda : « Mais Madame,
qu'a donc Monsieur à pleurer ainsi ? » maman lui répondit :
« Mais il ne sait pas lui-même, Françoise, il est énervé ; préparez-
moi vite le grand lit et montez vous coucher. » Ainsi, pour la
première fois, ma tristesse n'était plus considérée comme une
faute punissable mais comme un mal involontaire qu'on venait
de reconnaître officiellement, comme un état nerveux dont je
n'étais pas responsable ; j'avais le soulagement de n'avoir plus à
mêler de scrupules [2] à l'amertume de mes larmes, je pouvais
pleurer sans péché. Je n'étais pas non plus médiocrement fier
vis-à-vis de Françoise de ce retour des choses humaines, qui, une
heure après que maman avait refusé de monter dans ma chambre
et m'avait fait dédaigneusement répondre que je devrais dormir,
m'élevait à la dignité de grande personne et m'avait fait atteindre
tout d'un coup à une sorte de puberté du chagrin, d'émancipation [3] des larmes. J'aurais dû être heureux : je ne l'étais pas. Il me
semblait que ma mère venait de me faire une première concession
qui devait lui être douloureuse, que c'était une première abdication [4] de sa part devant l'idéal qu'elle avait conçu pour moi, et

---

1. *Gâter* : gâcher.
2. *Scrupules* : mauvaise conscience.
3. *Émancipation* : libération.
4. *Abdication* : renonciation.

que pour la première fois elle, si courageuse, s'avouait vaincue. Il
685 me semblait que si je venais de remporter une victoire c'était
contre elle, que j'avais réussi comme auraient pu faire la maladie,
des chagrins, ou l'âge, à détendre sa volonté, à faire fléchir sa
raison et que cette soirée commençait une ère, resterait comme
une triste date. Si j'avais osé maintenant, j'aurais dit à maman :
690 «Non je ne veux pas, ne couche pas ici.» Mais je connaissais la
sagesse pratique, réaliste comme on dirait aujourd'hui, qui tempérait [1] en elle la nature ardemment idéaliste de ma grand-mère,
et je savais que, maintenant que le mal était fait, elle aimerait
mieux m'en laisser du moins goûter le plaisir calmant et ne pas
695 déranger mon père. Certes, le beau visage de ma mère brillait
encore de jeunesse ce soir-là où elle me tenait si doucement les
mains et cherchait à arrêter mes larmes ; mais justement il me
semblait que cela n'aurait pas dû être, sa colère eût été moins
triste pour moi que cette douceur nouvelle que n'avait pas
700 connue mon enfance ; il me semblait que je venais d'une main
impie [2] et secrète de tracer dans son âme une première ride et d'y
faire apparaître un premier cheveu blanc. Cette pensée redoubla
mes sanglots et alors je vis maman, qui jamais ne se laissait aller
à aucun attendrissement avec moi, être tout d'un coup gagnée
705 par le mien et essayer de retenir une envie de pleurer. Comme elle
sentit que je m'en étais aperçu, elle me dit en riant : «Voilà mon
petit jaunet [3], mon petit serin [4], qui va rendre sa maman aussi
bêtasse que lui, pour peu que cela continue. Voyons, puisque tu
n'as pas sommeil ni ta maman non plus, ne restons pas à nous
710 énerver, faisons quelque chose, prenons un de tes livres.» Mais je
n'en avais pas là. «Est-ce que tu aurais moins de plaisir si je
sortais déjà les livres que ta grand-mère doit te donner pour ta

---

1. *Tempérait* : atténuait.

2. *Impie* : irréligieuse.

3. *Jaunet* : substantif utilisé de manière affective et renvoyant à la couleur
jaune du serin évoqué ensuite.

4. *Serin* : sorte de canari ; au figuré : nigaud, bêta.

fête ? Pense bien : tu ne seras pas déçu de ne rien avoir après-demain ? » J'étais au contraire enchanté et maman alla chercher
715 un paquet de livres dont je ne pus deviner, à travers le papier qui les enveloppait, que la taille courte et large, mais qui, sous ce premier aspect, pourtant sommaire et voilé, éclipsaient déjà la boîte à couleurs[1] du Jour de l'An et les vers à soie[2] de l'an dernier. C'était *La Mare au Diable*, *François le Champi*, *La Petite*
720 *Fadette* et *Les Maîtres sonneurs*[3]. [...]

Maman s'assit à côté de mon lit ; elle avait pris *François le Champi* à qui sa couverture rougeâtre et son titre incompréhensible, donnaient pour moi une personnalité distincte et un attrait mystérieux. Je n'avais jamais lu encore de vrais romans. [...]

725 Mes remords étaient calmés, je me laissais aller à la douceur de cette nuit où j'avais ma mère auprès de moi. Je savais qu'une telle nuit ne pourrait se renouveler ; que le plus grand désir que j'eusse au monde, garder ma mère dans ma chambre pendant ces tristes heures nocturnes, était trop en opposition avec les néces-
730 sités de la vie et le vœu de tous, pour que l'accomplissement qu'on lui avait accordé ce soir pût être autre chose que factice[4] et exceptionnel. Demain mes angoisses reprendraient et maman ne resterait pas là. Mais quand mes angoisses étaient calmées, je ne les comprenais plus ; puis demain soir était encore lointain ; je me
735 disais que j'aurais le temps d'aviser, bien que ce temps-là ne pût m'apporter aucun pouvoir de plus, qu'il s'agissait de choses qui ne dépendaient pas de ma volonté et que seul me faisait paraître plus évitables l'intervalle qui les séparait encore de moi.

---

1. **Boîte à couleurs** : boîte de peinture.
2. **Vers à soie** : chenilles du mûrier qui s'enferment dans un cocon fait de fils de soie.
3. **La Mare au diable, François le Champi, la Petite Fadette, Les Maîtres sonneurs** : œuvres de la romancière française George Sand (1804-1876). Ils appartiennent au cycle des « romans champêtres ».
4. **Factice** : voir la note 1, p. 40.

C'est ainsi que, pendant longtemps, quand, réveillé la nuit, je
me ressouvenais de Combray, je n'en revis jamais que cette sorte
de pan [1] lumineux, découpé au milieu d'indistinctes ténèbres,
pareil à ceux que l'embrasement d'un feu de Bengale [2] ou
quelque projection électrique éclairent et sectionnent dans un
édifice dont les autres parties restent plongées dans la nuit : à la
base assez large, le petit salon, la salle à manger, l'amorce de
l'allée obscure par où arriverait M. Swann, l'auteur inconscient
de mes tristesses, le vestibule [3] où je m'acheminais vers la première marche de l'escalier, si cruel à monter, qui constituait à lui
seul le tronc fort étroit de cette pyramide irrégulière ; et, au faîte [4],
ma chambre à coucher avec le petit couloir à porte vitrée pour
l'entrée de maman ; en un mot, toujours vu à la même heure,
isolé de tout ce qu'il pouvait y avoir autour, se détachant seul
sur l'obscurité, le décor strictement nécessaire (comme celui
qu'on voit indiqué en tête des vieilles pièces pour les représenta-
tions en province) au drame de mon déshabillage ; comme si
Combray n'avait consisté qu'en deux étages reliés par un mince
escalier, et comme s'il n'y avait jamais été que sept heures du
soir. À vrai dire, j'aurais pu répondre à qui m'eût interrogé que
Combray comprenait encore autre chose et existait à d'autres
heures. Mais comme ce que je m'en serais rappelé m'eût été
fourni seulement par la mémoire volontaire, la mémoire de
l'intelligence, et comme les renseignements qu'elle donne sur le
passé ne conservent rien de lui, je n'aurais jamais eu envie de
songer à ce reste de Combray. Tout cela était en réalité mort
pour moi.

Mort à jamais ? C'était possible.

Il y a beaucoup de hasard en tout ceci, et un second hasard,
celui de notre mort, souvent ne nous permet pas d'attendre longtemps les faveurs du premier.

---

1. *Pan* : morceau (de tissu à l'origine), partie.
2. *Feu de Bengale* : feu d'artifice.
3. *Vestibule* : voir la note 3, p. 46.
4. *Faîte* : sommet.

770 Je trouve très raisonnable la croyance celtique[1] que les âmes de ceux que nous avons perdus sont captives dans quelque être inférieur, dans une bête, un végétal, une chose inanimée, perdues en effet pour nous jusqu'au jour, qui pour beaucoup ne vient jamais, où nous nous trouvons passer près de l'arbre, entrer en
775 possession de l'objet qui est leur prison. Alors elles tressaillent, nous appellent, et sitôt que nous les avons reconnues, l'enchantement est brisé. Délivrées par nous, elles ont vaincu la mort et reviennent vivre avec nous.

Il en est ainsi de notre passé. C'est peine perdue que nous
780 cherchions à l'évoquer, tous les efforts de notre intelligence sont inutiles. Il est caché hors de son domaine et de sa portée, en quelque objet matériel (en la sensation que nous donnerait cet objet matériel), que nous ne soupçonnons pas. Cet objet, il dépend du hasard que nous le rencontrions avant de mourir, ou
785 que nous ne le rencontrions pas.

Il y avait déjà bien des années que, de Combray, tout ce qui n'était pas le théâtre et le drame de mon coucher, n'existait plus pour moi, quand un jour d'hiver, comme je rentrais à la maison, ma mère, voyant que j'avais froid, me proposa de me faire
790 prendre, contre mon habitude, un peu de thé. Je refusai d'abord et, je ne sais pourquoi, me ravisai. Elle envoya chercher un de ces gâteaux courts et dodus appelés Petites Madeleines qui semblent avoir été moulés dans la valve[2] rainurée d'une coquille de Saint-Jacques. Et bientôt, machinalement, accablé par la morne journée
795 et la perspective d'un triste lendemain, je portai à mes lèvres une cuillerée du thé où j'avais laissé s'amollir un morceau de madeleine. Mais à l'instant même où la gorgée mêlée des miettes du gâteau toucha mon palais, je tressaillis, attentif à ce qui se passait d'extraordinaire en moi. Un plaisir délicieux m'avait envahi,
800 isolé, sans la notion de sa cause. Il m'avait aussitôt rendu

---

1. *Celtique* : des Celtes, peuple ayant vécu en Europe occidentale entre le Xe et le IIIe siècle avant notre ère.
2. *Valve* : moitié de coquille d'un crustacé.

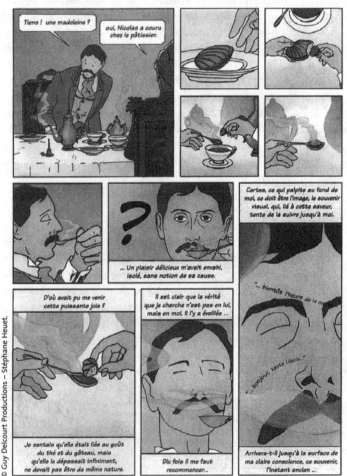

© Guy Delcourt Productions – Stéphane Heuet.

les vicissitudes[1] de la vie indifférentes, ses désastres inoffensifs, sa brièveté illusoire, de la même façon qu'opère l'amour, en me remplissant d'une essence précieuse : ou plutôt cette essence n'était pas en moi, elle était moi. J'avais cessé de me sentir médiocre, contingent[2], mortel. D'où avait pu me venir cette puissante joie ? Je sentais qu'elle était liée au goût du thé et du gâteau, mais qu'elle le dépassait infiniment, ne devait pas être de même nature. D'où venait-elle ? Que signifiait-elle ? Où l'appréhender ? Je bois une seconde gorgée où je ne trouve rien de plus que dans la première, une troisième qui m'apporte un peu moins que la seconde. Il est temps que je m'arrête, la vertu[3] du breuvage semble diminuer. Il est clair que la vérité que je cherche n'est pas en lui, mais en moi. Il l'y a éveillée, mais ne la connaît pas, et ne peut que répéter indéfiniment, avec de moins en moins de force, ce même témoignage que je ne sais pas interpréter et que je veux au moins pouvoir lui redemander et retrouver intact, à ma disposition, tout à l'heure, pour un éclaircissement décisif. Je pose la tasse et me tourne vers mon esprit. C'est à lui de trouver la vérité. Mais comment ? Grave incertitude, toutes les fois que l'esprit se sent dépassé par lui-même ; quand lui, le chercheur, est tout ensemble le pays obscur où il doit chercher et où tout son bagage ne lui sera de rien[4]. Chercher ? pas seulement : créer. Il est en face de quelque chose qui n'est pas encore et que seul il peut réaliser, puis faire entrer dans sa lumière.

Et je recommence à me demander quel pouvait être cet état inconnu, qui n'apportait aucune preuve logique, mais l'évidence de sa félicité[5], de sa réalité devant laquelle les autres s'évanouissaient. Je veux essayer de le faire réapparaître. Je rétrograde[6] par

---

1. *Vicissitudes* : variations, instabilités.
2. *Contingent* : lié au hasard, non nécessaire.
3. *Vertu* : voir la note 3, p. 37
4. *Ne lui sera de rien* : ne lui sera d'aucune utilité.
5. *Félicité* : voir la note 2, p. 48.
6. *Je rétrograde* : je recule, je fais marche arrière.

la pensée au moment où je pris la première cuillerée de thé. Je retrouve le même état, sans une clarté nouvelle. Je demande à mon esprit un effort de plus, de ramener encore une fois la sensation qui s'enfuit. Et pour que rien ne brise l'élan dont il va tâcher de la ressaisir, j'écarte tout obstacle, toute idée étrangère, j'abrite mes oreilles et mon attention contre les bruits de la chambre voisine. Mais sentant mon esprit qui se fatigue sans réussir, je le force au contraire à prendre cette distraction que je lui refusais, à penser à autre chose, à se refaire avant une tentative suprême[1]. Puis une deuxième fois, je fais le vide devant lui, je remets en face de lui la saveur encore récente de cette première gorgée et je sens tressaillir en moi quelque chose qui se déplace, voudrait s'élever, quelque chose qu'on aurait désancré[2], à une grande profondeur ; je ne sais ce que c'est, mais cela monte lentement ; j'éprouve la résistance et j'entends la rumeur des distances traversées.

Certes, ce qui palpite ainsi au fond de moi, ce doit être l'image, le souvenir visuel, qui, lié à cette saveur, tente de la suivre jusqu'à moi. Mais il se débat trop loin, trop confusément ; à peine si je perçois le reflet neutre où se confond l'insaisissable tourbillon des couleurs remuées ; mais je ne peux distinguer la forme, lui demander, comme au seul interprète possible, de me traduire le témoignage de sa contemporaine, de son inséparable compagne, la saveur, lui demander de m'apprendre de quelle circonstance particulière, de quelle époque du passé il s'agit.

Arrivera-t-il jusqu'à la surface de ma claire conscience, ce souvenir, l'instant ancien que l'attraction d'un instant identique est venue de si loin solliciter, émouvoir, soulever tout au fond de moi ? Je ne sais. Maintenant je ne sens plus rien, il est arrêté, redescendu peut-être ; qui sait s'il remontera jamais de sa nuit ? Dix fois il me faut recommencer, me pencher vers lui. Et chaque fois la lâcheté qui nous détourne de toute tâche difficile, de toute

---

1. *Suprême* : ici, ultime, dernière.
2. *Désancré* : détaché, comme un navire dont on relève l'ancre.

œuvre importante, m'a conseillé de laisser cela, de boire mon thé
en pensant simplement à mes ennuis d'aujourd'hui, à mes désirs
de demain qui se laissent remâcher sans peine.

Et tout d'un coup le souvenir m'est apparu. Ce goût c'était
celui du petit morceau de madeleine que le dimanche matin à
Combray (parce que ce jour-là je ne sortais pas avant l'heure de
la messe), quand j'allais lui dire bonjour dans sa chambre, ma
tante Léonie m'offrait après l'avoir trempé dans son infusion de
thé ou de tilleul. La vue de la petite madeleine ne m'avait rien
rappelé avant que je n'y eusse goûté ; peut-être parce que, en
ayant souvent aperçu depuis, sans en manger, sur les tablettes
des pâtissiers, leur image avait quitté ces jours de Combray pour
se lier à d'autres plus récents ; peut-être parce que de ces souvenirs abandonnés si longtemps hors de la mémoire, rien ne survivait, tout s'était désagrégé ; les formes – et celle aussi du petit
coquillage de pâtisserie, si grassement sensuel, sous son plissage
sévère et dévot [1] – s'étaient abolies, ou, ensommeillées, avaient
perdu la force d'expansion qui leur eût permis de rejoindre la
conscience. Mais, quand d'un passé ancien rien ne subsiste,
après la mort des êtres, après la destruction des choses, seules,
plus frêles mais plus vivaces, plus immatérielles, plus persistantes, plus fidèles, l'odeur et la saveur restent encore longtemps,
comme des âmes, à se rappeler, à attendre, à espérer, sur la ruine
de tout le reste, à porter sans fléchir, sur leur gouttelette presque
impalpable, l'édifice immense du souvenir.

Et dès que j'eus reconnu le goût du morceau de madeleine
trempé dans le tilleul que me donnait ma tante (quoique je ne
susse pas encore et dusse remettre à bien plus tard de découvrir
pourquoi ce souvenir me rendait si heureux), aussitôt la vieille
maison grise sur la rue, où était sa chambre, vint comme un
décor de théâtre s'appliquer au petit pavillon, donnant sur le
jardin, qu'on avait construit pour mes parents sur ses derrières

---

1. *Dévot* : pieux, très religieux et sérieux.

(ce pan tronqué [1] que seul j'avais revu jusque-là) ; et avec la maison, la ville, depuis le matin jusqu'au soir et par tous les temps, la Place où on m'envoyait avant déjeuner, les rues où j'allais faire des courses, les chemins qu'on prenait si le temps était beau. Et comme dans ce jeu où les Japonais s'amusent à tremper dans un bol de porcelaine rempli d'eau, de petits morceaux de papier jusque-là indistincts qui, à peine y sont-ils plongés s'étirent, se contournent, se colorent, se différencient, deviennent des fleurs, des maisons, des personnages consistants et reconnaissables, de même maintenant toutes les fleurs de notre jardin et celles du parc de M. Swann, et les nymphéas [2] de la Vivonne, et les bonnes gens du village et leurs petits logis et l'église et tout Combray et ses environs, tout cela qui prend forme et solidité, est sorti, ville et jardins, de ma tasse de thé.

II

[…] La cousine de mon grand-père – ma grand-tante – chez qui nous habitions, était la mère de cette tante Léonie qui, depuis la mort de son mari, mon oncle Octave, n'avait plus voulu quitter, d'abord Combray, puis à Combray sa maison, puis sa chambre, puis son lit et ne «descendait» plus, toujours couchée dans un état incertain de chagrin, de débilité [3] physique, de maladie, d'idée fixe et de dévotion [4]. L'air y était saturé de la fine fleur d'un silence si nourricier, si succulent [5] que je ne m'y avançais qu'avec une sorte de gourmandise, surtout par ces premiers matins encore froids de la

---

1. Ce pan tronqué : *pan* : voir la note 1, p. 58 ; *tronqué* : privé d'une partie, incomplet.
2. Nymphéas : nénuphars.
3. Débilité : faiblesse extrême.
4. Dévotion : grande rigueur religieuse.
5. Succulent : délicieux.

10 semaine de Pâques où je le goûtais mieux parce que je venais seulement d'arriver à Combray : avant que j'entrasse souhaiter le bonjour à ma tante on me faisait attendre un instant, dans la première
pièce où le soleil, d'hiver encore, était venu se mettre au chaud
devant le feu, déjà allumé entre les deux briques et qui badigeonnait
15 toute la chambre[1] d'une odeur de suie[2], en faisait comme un de ces
grands « devants de four » de campagne, ou de ces manteaux de
cheminée[3] de châteaux, sous lesquels on souhaite que se déclarent
dehors la pluie, la neige, même quelque catastrophe diluvienne[4]
pour ajouter au confort de la réclusion la poésie de l'hivernage ; je
20 faisais quelques pas du prie-Dieu[5] aux fauteuils en velours frappé,
toujours revêtus d'un appui-tête au crochet ; et le feu cuisant comme
une pâte les appétissantes odeurs dont l'air de la chambre était tout
grumeleux[6] et qu'avait déjà fait travailler et « lever » la fraîcheur
humide et ensoleillée du matin, il les feuilletait, les dorait, les
25 godait[7], les boursouflait, en faisant un invisible et palpable gâteau
provincial, un immense « chausson » où, à peine goûtés les arômes
plus croustillants, plus fins, plus réputés, mais plus secs aussi du
placard, de la commode, du papier à ramages[8], je revenais toujours
avec une convoitise[9] inavouée m'engluer dans l'odeur médiane,
30 poisseuse, fade, indigeste et fruitée du couvre-lit à fleurs.

　　Dans la chambre voisine, j'entendais ma tante qui causait toute
seule à mi-voix. Elle ne parlait jamais qu'assez bas parce qu'elle

---

1. *Qui badigeonnait toute la chambre* : qui étalait sur tous les murs de la
chambre.
2. *Suie* : noir de fumée.
3. *Manteau de cheminée* : encadrement du foyer de la cheminée.
4. *Diluvienne* : semblable au déluge.
5. *Prie-Dieu* : siège bas au dossier terminé en accoudoir sur lequel on
s'agenouille pour prier.
6. *Grumeleux* : contenant des grumeaux.
7. *Les godait* : les faisait gonfler de la main.
8. *Papier à ramages* : papier peint représentant des branches feuillues et
fleuries.
9. *Convoitise* : désir de posséder.

croyait avoir dans la tête quelque chose de cassé et de flottant qu'elle eût déplacé en parlant trop fort, mais elle ne restait jamais 35 longtemps, même seule, sans dire quelque chose, parce qu'elle croyait que c'était salutaire[1] pour sa gorge et qu'en empêchant le sang de s'y arrêter, cela rendrait moins fréquents les étouffements et les angoisses dont elle souffrait ; puis, dans l'inertie[2] absolue où elle vivait, elle prêtait à ses moindres sensations une importance 40 extraordinaire ; elle les douait d'une motilité[3] qui lui rendait difficile de les garder pour elle, et à défaut de confident à qui les communiquer, elle se les annonçait à elle-même, en un perpétuel monologue qui était sa seule forme d'activité. Malheureusement, ayant pris l'habitude de penser tout haut, elle ne faisait pas tou-45 jours attention à ce qu'il n'y eût personne dans la chambre voisine, et je l'entendais souvent se dire à elle-même : « Il faut que je me rappelle bien que je n'ai pas dormi » (car ne jamais dormir était sa grande prétention dont notre langage à tous gardait le respect et la trace : le matin Françoise ne venait pas « l'éveiller », mais « entrait » 50 chez elle ; quand ma tante voulait faire un somme dans la journée, on disait qu'elle voulait « réfléchir » ou « reposer » ; et quand il lui arrivait de s'oublier[4] en causant jusqu'à dire : « ce qui m'a réveillée » ou « j'ai rêvé que », elle rougissait et se reprenait au plus vite).

55 Au bout d'un moment, j'entrais l'embrasser ; Françoise faisait infuser son thé ; ou, si ma tante se sentait agitée, elle demandait à la place sa tisane et c'était moi qui étais chargé de faire tomber du sac de pharmacie dans une assiette la quantité de tilleul qu'il fallait mettre ensuite dans l'eau bouillante. […]

60 Bientôt ma tante pouvait tremper dans l'infusion bouillante dont elle savourait le goût de feuille morte ou de fleur fanée une

---

1. *Salutaire* : bon pour la santé.
2. *Inertie* : inaction, immobilité.
3. *Motilité* : mobilité, capacité de mouvement.
4. *S'oublier* : oublier de surveiller ses paroles ou son comportement.

petite madeleine dont elle me tendait un morceau quand il était suffisamment amolli. […]

Je n'étais pas avec ma tante depuis cinq minutes, qu'elle me
65 renvoyait par peur que je la fatigue. Elle tendait à mes lèvres son triste front pâle et fade sur lequel, à cette heure matinale, elle n'avait pas encore arrangé ses faux cheveux [1], et où les vertèbres transparaissaient comme les pointes d'une couronne d'épines ou les grains d'un rosaire [2], et elle me disait : «Allons, mon pauvre
70 enfant, va-t'en, va te préparer pour la messe ; et si en bas tu rencontres Françoise, dis-lui de ne pas s'amuser trop longtemps avec vous, qu'elle monte bientôt voir si je n'ai besoin de rien.»

Françoise, en effet, qui était depuis des années à son service et ne se doutait pas alors qu'elle entrerait un jour tout à fait au nôtre
75 délaissait un peu ma tante pendant les mois où nous étions là. […] Mais depuis que nous allions à Combray je ne connaissais personne mieux que Françoise ; nous étions ses préférés, elle avait pour nous, au moins pendant les premières années, avec autant de considération que pour ma tante, un goût plus vif, parce que
80 nous ajoutions, au prestige de faire partie de la famille (elle avait pour les liens invisibles que noue entre les membres d'une famille la circulation d'un même sang, autant de respect qu'un tragique [3] grec), le charme de n'être pas ses maîtres habituels. Aussi, avec quelle joie elle nous recevait, nous plaignant de n'avoir pas encore
85 plus beau temps, le jour de notre arrivée, la veille de Pâques, où souvent il faisait un vent glacial, quand maman lui demandait des nouvelles de sa fille et de ses neveux, si son petit-fils était gentil, ce qu'on comptait faire de lui, s'il ressemblerait à sa grand-mère. […]

Quand Françoise, après avoir veillé à ce que mes parents
90 eussent tout ce qu'il leur fallait, remontait une première fois chez

---

1. *Ses faux cheveux* : sa perruque.
2. *Rosaire* : grand chapelet (voir la note 2, p. 97) destiné aux prières.
3. *Tragique* : auteur de théâtre, et plus précisément de tragédies. Ici, allusion à l'un des trois grands tragiques de l'Antiquité grecque : Eschyle, Sophocle et Euripide.

ma tante pour·lui donner sa pepsine [1] et lui demander ce qu'elle prendrait pour déjeuner, il était bien rare qu'il ne fallût pas donner déjà son avis ou fournir des explications sur quelque événement d'importance.

95 « Françoise, imaginez-vous que Mme Goupil est passée plus d'un quart d'heure en retard pour aller chercher sa sœur ; pour peu qu'elle s'attarde sur son chemin cela ne me surprendrait point qu'elle arrive après l'élévation [2].

– Hé ! il n'y aurait rien d'étonnant, répondait Françoise.

100 – Françoise, vous seriez venue cinq minutes plus tôt, vous auriez vu passer Mme Imbert qui tenait des asperges deux fois grosses comme celles de la mère Callot ; tâchez donc de savoir par sa bonne où elle les a eues. Vous qui, cette année, nous mettez des asperges à toutes les sauces, vous auriez pu en 105 prendre de pareilles pour nos voyageurs.

– Il n'y aurait rien d'étonnant qu'elles viennent de chez M. le Curé, disait Françoise.

– Ah ! je vous crois bien, ma pauvre Françoise, répondait ma tante en haussant les épaules, chez M. le Curé ! Vous savez bien 110 qu'il ne fait pousser que de méchantes [3] petites asperges de rien. Je vous dis que celles-là étaient grosses comme le bras. Pas comme le vôtre, bien sûr, mais comme mon pauvre bras qui a encore tant maigri cette année.

« Françoise, vous n'avez pas entendu ce carillon qui m'a cassé 115 la tête ?

– Non, madame Octave.

– Ah ! ma pauvre fille, il faut que vous l'ayez solide votre tête, vous pouvez remercier le Bon Dieu. C'était la Maguelone qui était venue chercher le docteur Piperaud. Il est ressorti tout de suite avec

---

1. *Pepsine* : médicament facilitant la digestion.
2. *Élévation* : moment de la messe où, par la prière, on élève son âme vers Dieu.
3. *Méchantes* : au sens de laides, sans intérêt.

120 elle et ils ont tourné par la rue de l'Oiseau. Il faut qu'il y ait quelque
enfant de malade.

– Eh ! là, mon Dieu, soupirait Françoise, qui ne pouvait pas
entendre parler d'un malheur arrivé à un inconnu, même dans
une partie du monde éloignée, sans commencer à gémir.

125 – Françoise, mais pour qui donc a-t-on sonné la cloche des
morts ? Ah ! mon Dieu, ce sera pour Mme Rousseau. Voilà-t-il
pas que j'avais oublié qu'elle a passé[1] l'autre nuit. Ah ! il est
temps que le Bon Dieu me rappelle, je ne sais plus ce que j'ai
fait de ma tête depuis la mort de mon pauvre Octave. Mais je
130 vous fais perdre votre temps, ma fille.

– Mais non, madame Octave, mon temps n'est pas si cher ;
celui qui l'a fait ne nous l'a pas vendu. Je vas seulement voir si
mon feu ne s'éteint pas. »

Ainsi Françoise et ma tante appréciaient-elles ensemble au
135 cours de cette séance matinale, les premiers événements du jour.
[...]

Pendant que ma tante devisait[2] ainsi avec Françoise, j'ac-
compagnais mes parents à la messe. Que je l'aimais, que je la
revois bien, notre Église ! Son vieux porche par lequel nous
140 entrions, noir, grêlé[3] comme une écumoire[4], était dévié et profondément creusé aux angles (de même que le bénitier[5] où il
nous conduisait) comme si le doux effleurement des mantes[6] des
paysannes entrant à l'église et de leurs doigts timides prenant de
l'eau bénite, pouvait, répété pendant des siècles, acquérir une
145 force destructive, infléchir[7] la pierre et l'entailler de sillons

---

1. *Elle a passé* : elle est morte (sous-entendu : elle est passée dans l'autre
monde).

2. *Devisait* : bavardait.

3. *Grêlé* : marqué de trous.

4. *Écumoire* : ustensile de cuisine en forme de grande cuiller et percé de
trous.

5. *Bénitier* : vasque destinée à contenir de l'eau bénite à l'entrée d'une église.

6. *Mantes* : manteaux simples.

7. *Infléchir* : modifier la forme.

comme en trace la roue des carrioles dans la borne contre laquelle elle bute tous les jours. [...]

L'abside [1] de l'église de Combray, peut-on vraiment en parler ? Elle était si grossière, si dénuée de beauté artistique et même d'élan
150 religieux. Du dehors, comme le croisement des rues sur lequel elle donnait était en contrebas [2], sa grossière muraille s'exhaussait [3] d'un soubassement [4] en moellons [5] nullement polis, hérissés de cailloux, et qui n'avait rien de particulièrement ecclésiastique [6], les verrières semblaient percées à une hauteur excessive, et le tout
155 avait plus l'air d'un mur de prison que d'église. Et certes, plus tard, quand je me rappelais toutes les glorieuses absides que j'ai vues, il ne me serait jamais venu à la pensée de rapprocher d'elles l'abside de Combray. Seulement, un jour, au détour d'une petite rue provinciale, j'aperçus, en face du croisement de trois ruelles,
160 une muraille fruste [7] et surélevée, avec des verrières percées en haut et offrant le même aspect asymétrique que l'abside de Combray. Alors je ne me suis pas demandé comme à Chartres ou à Reims [8] avec quelle puissance y était exprimé le sentiment religieux, mais je me suis involontairement écrié : « L'Église ! »
165 L'église ! Familière ; mitoyenne [9], rue Saint-Hilaire, où était sa porte nord, de ses deux voisines, la pharmacie de M. Rapin et la maison de Mme Loiseau, qu'elle touchait sans aucune séparation ; simple citoyenne de Combray qui aurait pu avoir son numéro dans la rue si les rues de Combray avaient eu des numéros, et où
170 il semble que le facteur aurait dû s'arrêter le matin quand il faisait sa distribution, avant d'entrer chez Mme Loiseau et en sortant de

---

1. *Abside* : extrémité d'une église derrière le chœur où se tient l'autel.
2. *En contrebas* : à un niveau inférieur.
3. *S'exhaussait* : s'élevait, se surélevait.
4. *Soubassement* : socle, fondation d'un édifice.
5. *Moellons* : pierres de construction.
6. *Ecclésiastique* : religieux.
7. *Fruste* : grossière.
8. *À Chartres ou à Reims* : villes réputées pour leurs cathédrales.
9. *Mitoyenne* : située entre deux choses.

chez M. Rapin, il y avait pourtant entre elle et tout ce qui n'était pas elle une démarcation[1] que mon esprit n'a jamais pu arriver à franchir. Mme Loiseau avait beau avoir à sa fenêtre des fuchsias[2],
175 qui prenaient la mauvaise habitude de laisser leurs branches courir toujours partout tête baissée, et dont les fleurs n'avaient rien de plus pressé, quand elles étaient assez grandes, que d'aller rafraîchir leurs joues violettes et congestionnées[3] contre la sombre façade de l'église, les fuchsias ne devenaient pas sacrés pour cela
180 pour moi ; entre les fleurs et la pierre noircie sur laquelle elles s'appuyaient, si mes yeux ne percevaient pas d'intervalle, mon esprit réservait un abîme.

On reconnaissait le clocher de Saint-Hilaire de bien loin, inscrivant sa figure inoubliable à l'horizon où Combray n'apparaissait pas encore ; quand du train qui, la semaine de Pâques, nous
185 amenait de Paris, mon père l'apercevait qui filait tour à tour sur tous les sillons du ciel, faisant courir en tous sens son petit coq de fer[4], il nous disait : « Allons, prenez les couvertures, on est arrivé. » Et dans une des plus grandes promenades que nous
190 faisions de Combray, il y avait un endroit où la route resserrée débouchait tout à coup sur un immense plateau fermé à l'horizon par des forêts déchiquetées que dépassait seule la fine pointe du clocher de Saint-Hilaire, mais si mince, si rose, qu'elle semblait seulement rayée sur le ciel par un ongle qui aurait voulu donner à
195 ce paysage, à ce tableau rien que de nature, cette petite marque d'art, cette unique indication humaine. Quand on se rapprochait et qu'on pouvait apercevoir le reste de la tour carrée et à demi détruite qui, moins haute, subsistait à côté de lui, on était frappé surtout du ton rougeâtre et sombre des pierres ; et, par un matin
200 brumeux d'automne, on aurait dit, s'élevant au-dessus du violet

---

1. Démarcation : séparation.

2. Fuchsias : arbrisseaux exotiques aux fleurs en clochettes roses ou rouges.

3. Congestionnées : rouges d'avoir été comprimées.

4. Coq de fer : girouette placée au sommet pour indiquer le sens du vent.

orageux des vignobles, une ruine de pourpre[1] presque de la couleur de la vigne vierge[2].

C'était le clocher de Saint-Hilaire qui donnait à toutes les occupations, à toutes les heures, à tous les points de vue de la ville, leur figure, leur couronnement, leur consécration[3]. De ma chambre, je ne pouvais apercevoir que sa base qui avait été recouverte d'ardoises ; mais quand, le dimanche, je les voyais, par une chaude matinée d'été, flamboyer comme un soleil noir, je me disais : « Mon Dieu ! neuf heures ! il faut se préparer pour aller à la grand-messe si je veux avoir le temps d'aller embrasser tante Léonie avant », et je savais exactement la couleur qu'avait le soleil sur la place, la chaleur et la poussière du marché, l'ombre que faisait le store du magasin où maman entrerait peut-être avant la messe dans une odeur de toile écrue[4], faire emplette[5] de quelque mouchoir que lui ferait montrer, en cambrant la taille, le patron qui, tout en se préparant à fermer, venait d'aller dans l'arrière-boutique passer sa veste du dimanche et se savonner les mains qu'il avait l'habitude, toutes les cinq minutes, même dans les circonstances les plus mélancoliques, de frotter l'une contre l'autre d'un air d'entreprise, de partie fine[6] et de réussite.

Quand après la messe, on entrait dire à Théodore[7] d'apporter une brioche plus grosse que d'habitude parce que nos cousins avaient profité du beau temps pour venir de Thiberzy déjeuner avec nous, on avait devant soi le clocher qui, doré et cuit lui-même comme une plus grande brioche bénie, avec des écailles et des égouttements gommeux de soleil, piquait sa pointe aiguë dans le ciel bleu. Et le soir, quand je rentrais de promenade et

---

1. *Pourpre* : rouge vif.
2. *Vigne vierge* : variété de vigne qui ne donne pas de raisin.
3. *Consécration* : reconnaissance, triomphe. Sens religieux à l'origine.
4. *Écrue* : blanc cassé.
5. *Faire emplette* : faire un petit achat.
6. *Partie fine* : divertissement concerté à plusieurs.
7. *Théodore* : l'employé de l'épicerie, chargé en particulier des livraisons.

pensais au moment où il faudrait tout à l'heure dire bonsoir à ma mère et ne plus la voir, il était au contraire si doux, dans la
230 journée finissante, qu'il avait l'air d'être posé et enfoncé comme un coussin de velours brun sur le ciel pâli qui avait cédé sous sa pression, s'était creusé légèrement pour lui faire sa place et refluait sur ses bords ; et les cris des oiseaux qui tournaient autour de lui semblaient accroître son silence, élancer encore sa flèche[1] et lui
235 donner quelque chose d'ineffable[2]. [...]

Quand, à notre retour, ma tante nous faisait demander si Mme Goupil était arrivée en retard à la messe, nous étions incapables de la renseigner. En revanche nous ajoutions à son trouble en lui disant qu'un peintre travaillait dans l'église à copier le
240 vitrail de Gilbert le Mauvais. Françoise, envoyée aussitôt chez l'épicier, était revenue bredouille par la faute de l'absence de Théodore à qui sa double profession de chantre[3] ayant une part de l'entretien de l'église, et de garçon épicier donnait, avec des relations dans tous les mondes, un savoir universel.

245 « Ah ! soupirait ma tante, je voudrais que ce soit déjà l'heure d'Eulalie. Il n'y a vraiment qu'elle qui pourra me dire cela. »

Eulalie était une fille boiteuse, active et sourde qui s'était « retirée » après la mort de Mme de la Bretonnerie où elle avait été en place[4] depuis son enfance et qui avait pris à côté de l'église
250 une chambre, d'où elle descendait tout le temps soit aux offices[5], soit, en dehors des offices, dire une petite prière ou donner un coup de main à Théodore ; le reste du temps elle allait voir des personnes malades comme ma tante Léonie à qui elle racontait ce qui s'était passé à la messe ou aux vêpres[6]. Elle ne dédaignait pas

---

1. *Flèche* : pointe qui orne le haut d'un clocher.

2. *Ineffable* : qui ne peut être exprimé par des mots.

3. *Chantre* : celui qui chante durant la messe.

4. *Où elle avait été en place* : dans la maison de laquelle elle avait travaillé.

5. *Offices* : services religieux, messes.

6. *Vêpres* : office du soir ou de la fin de l'après-midi.

255 d'ajouter quelque casuel[1] à la petite rente[2] que lui servait[3] la famille de ses anciens maîtres en allant de temps en temps visiter[4] le linge du curé ou de quelque autre personnalité marquante du monde clérical[5] de Combray. Elle portait au-dessus d'une mante[6] de drap[7] noir un petit béguin[8] blanc, presque de reli-
260 gieuse, et une maladie de peau donnait à une partie de ses joues et à son nez recourbé, les tons rose vif de la balsamine[9]. Ses visites étaient la grande distraction de ma tante Léonie qui ne recevait plus guère personne d'autre, en dehors de M. le Curé. Ma tante avait peu à peu évincé tous les autres visiteurs parce
265 qu'ils avaient le tort à ses yeux de rentrer tous dans l'une ou l'autre des deux catégories de gens qu'elle détestait. Les uns, les pires et dont elle s'était débarrassée les premiers, étaient ceux qui lui conseillaient de ne pas «s'écouter[10]» et professaient, fût-ce négativement et en ne la manifestant que par certains silences de
270 désapprobation ou par certains sourires de doute, la doctrine subversive qu'une petite promenade au soleil et un bon bifteck saignant (quand elle gardait quatorze heures sur l'estomac deux méchantes[11] gorgées d'eau de Vichy[12]!) lui feraient plus de bien que son lit et ses médecines[13]. L'autre catégorie se composait des
275 personnes qui avaient l'air de croire qu'elle était plus gravement malade qu'elle ne pensait, qu'elle était aussi gravement malade

---

1. *Casuel* : revenu incertain et irrégulier.

2. *Rente* : somme d'argent versée à date fixe.

3. *Que lui servait* : que lui versait, payait.

4. *Visiter* : ici au sens de s'occuper de l'entretien.

5. *Clérical* : du clergé, des gens d'Église.

6. *Mante* : voir la note 6, p. 69.

7. *Drap* : tissu grossier.

8. *Béguin* : petit bonnet attaché sous le menton.

9. *Balsamine* : plante aussi appelée «impatiente».

10. *S'écouter* : se laisser aller, prêter une trop grande attention à sa santé.

11. *Méchantes* : voir la note 3, p. 68.

12. *Eau de Vichy* : eau gazeuse originaire de la ville de Vichy et réputée dans le traitement des maladies de l'estomac ou du foie.

13. *Médecines* : médicaments.

qu'elle le disait. Aussi, ceux qu'elle avait laissés monter après quelques hésitations et sur les officieuses instances [1] de Françoise et qui, au cours de leur visite, avaient montré combien ils étaient indignes de la faveur qu'on leur faisait en risquant timidement un : « Ne croyez-vous pas que si vous vous secouiez un peu par un beau temps », ou qui, au contraire, quand elle leur avait dit : « Je suis bien bas, bien bas, c'est la fin, mes pauvres amis », lui avaient répondu : « Ah ! quand on n'a pas la santé ! Mais vous pouvez durer encore comme ça », ceux-là, les uns comme les autres, étaient sûrs de ne plus jamais être reçus. Et si Françoise s'amusait de l'air épouvanté de ma tante quand de son lit elle avait aperçu dans la rue du Saint-Esprit une de ces personnes qui avaient l'air de venir chez elle ou quand elle avait entendu un coup de sonnette, elle riait encore bien plus, et comme d'un bon tour, des ruses toujours victorieuses de ma tante pour arriver à les faire congédier et de leur mine déconfite [2] en s'en retournant sans l'avoir vue, et, au fond admirait sa maîtresse qu'elle jugeait supérieure à tous ces gens puisqu'elle ne voulait pas les recevoir. En somme, ma tante exigeait à la fois qu'on l'approuvât dans son régime, qu'on la plaignît pour ses souffrances et qu'on la rassurât sur son avenir.

C'est à quoi Eulalie excellait. Ma tante pouvait lui dire vingt fois en une minute : « C'est la fin, ma pauvre Eulalie », vingt fois Eulalie répondait : « Connaissant votre maladie comme vous la connaissez, madame Octave, vous irez à cent ans, comme me disait hier encore Mme Sazerin. » (Une des plus fermes croyances d'Eulalie et que le nombre imposant des démentis apportés par l'expérience n'avait pas suffi à entamer, était que Mme Sazerat s'appelait Mme Sazerin.)

« Je ne demande pas à aller à cent ans », répondait ma tante, qui préférait ne pas voir assigner à ses jours un terme précis.

---

1. *Officieuses instances* : prières discrètes, non officielles.
2. *Mine déconfite* : mine déçue, vexée.

Et comme Eulalie savait avec cela comme personne distraire ma tante sans la fatiguer, ses visites qui avaient lieu régulièrement
310 tous les dimanches, sauf empêchement inopiné [1], étaient pour ma tante un plaisir dont la perspective l'entretenait ces jours-là dans un état agréable d'abord, mais bien vite douloureux comme une faim excessive, pour peu qu'Eulalie fût en retard. Trop prolongée, cette volupté [2] d'attendre Eulalie tournait en supplice, ma tante
315 ne cessait de regarder l'heure, bâillait, se sentait des faiblesses. Le coup de sonnette d'Eulalie, s'il arrivait tout à la fin de la journée, quand elle ne l'espérait plus, la faisait presque se trouver mal. En réalité, le dimanche, elle ne pensait qu'à cette visite et sitôt le déjeuner fini, Françoise avait hâte que nous quittions la salle à
320 manger pour qu'elle pût monter « occuper » ma tante. [...]

Enfin ma mère me disait : « Voyons, ne reste pas ici indéfiniment, monte dans ta chambre si tu as trop chaud dehors, mais va d'abord prendre l'air un instant pour ne pas lire en sortant de table. » J'allais m'asseoir près de la pompe et de son auge [3], souvent
325 ornée, comme un fonts [4] gothique, d'une salamandre [5], qui sculptait sur la pierre fruste [6] le relief mobile de son corps allégorique [7] et fuselé, sur le banc sans dossier ombragé d'un lilas, dans ce petit coin du jardin qui s'ouvrait par une porte de service sur la rue du Saint-Esprit et de la terre peu soignée duquel s'élevait par
330 deux degrés [8], en saillie [9] de la maison, et comme une construction

---

1. *Inopiné* : imprévu.
2. *Volupté* : vif plaisir.
3. *Auge* : bassin de pierre qui sert à donner à boire aux animaux.
4. *Fonts* : bassin présent dans une église et destiné à recevoir les eaux du baptême.
5. *Salamandre* : animal de la famille des batraciens, très souvent représenté dans la sculpture. On croyait, en effet, que la salamandre pouvait survivre au feu. Dans l'imaginaire chrétien, elle symbolise le Juste qui résiste dans l'adversité.
6. *Fruste* : voir la note 7, p. 70.
7. *Allégorique* : dont la représentation est interprétée comme le symbole d'autre chose.
8. *Degrés* : marches.
9. *Saillie* : avancée, partie qui dépasse.

indépendante, l'arrière-cuisine. On apercevait son dallage rouge et luisant comme du porphyre[1]. Elle avait moins l'air de l'antre de Françoise que d'un petit temple à Vénus. Elle regorgeait des offrandes du crémier, du fruitier, de la marchande de légumes, venus parfois de hameaux assez lointains pour lui dédier les prémices[2] de leurs champs. Et son faîte[3] était toujours couronné du roucoulement d'une colombe.

Autrefois, je ne m'attardais pas dans le bois consacré[4] qui l'entourait, car, avant de monter lire, j'entrais dans le petit cabinet de repos[5] que mon oncle Adolphe, un frère de mon grand-père, ancien militaire qui avait pris sa retraite comme commandant, occupait au rez-de-chaussée, et qui, même quand les fenêtres ouvertes laissaient entrer la chaleur, sinon les rayons du soleil qui atteignaient rarement jusque-là, dégageait inépuisablement cette odeur obscure et fraîche, à la fois forestière et Ancien Régime[6], qui fait rêver longuement les narines, quand on pénètre dans certains pavillons de chasse abandonnés. Mais depuis nombre d'années je n'entrais plus dans le cabinet de mon oncle Adolphe, ce dernier ne venant plus à Combray à cause d'une brouille qui était survenue entre lui et ma famille, par ma faute, dans les circonstances suivantes :

Une ou deux fois par mois, à Paris, on m'envoyait lui faire une visite, comme il finissait de déjeuner, en simple vareuse[7], servi par son domestique en veste de travail de coutil[8] rayé violet et blanc. Il se plaignait en ronchonnant que je n'étais pas venu depuis longtemps, qu'on l'abandonnait ; il m'offrait un massepain[9] ou une mandarine.

---

1. *Porphyre* : pierre volcanique rouge foncé.
2. *Prémices* : premières récoltes.
3. *Faîte* : voir la note 4, p. 58.
4. *Consacré* : dédié à Dieu, saint.
5. *Cabinet de repos* : petite pièce où l'on se retire pour s'isoler et se reposer.
6. *Ancien Régime* : qui évoque la période d'avant la Révolution française.
7. *Vareuse* : blouse courte en grosse toile.
8. *Coutil* : tissu de coton.
9. *Massepain* : pâtisserie faite d'amandes pilées, de sucre et de blanc d'œuf.

Un jour, autre que celui qui était réservé aux visites que nous lui faisions, profitant de ce que mes parents avaient déjeuné de bonne heure, je sortis et au lieu d'aller regarder la colonne d'affiches [1], pour quoi on me laissait aller seul, je courus jusqu'à lui. Je remarquai devant sa porte une voiture attelée de deux chevaux qui avaient aux œillères [2] un œillet rouge comme avait le cocher à sa boutonnière. De l'escalier j'entendis un rire et une voix de femme, et dès que j'eus sonné, un silence, puis le bruit de portes qu'on fermait. Le valet de chambre vint ouvrir, et en me voyant parut embarrassé, me dit que mon oncle était très occupé, ne pourrait sans doute pas me recevoir et tandis qu'il allait pourtant le prévenir, la même voix que j'avais entendue disait : « Oh, si ! laisse-le entrer ; rien qu'une minute, cela m'amuserait tant. Sur la photographie qui est sur ton bureau, il ressemble tant à sa maman, ta nièce, dont la photographie est à côté de la sienne, n'est-ce pas ? Je voudrais le voir rien qu'un instant, ce gosse. »

J'entendis mon oncle grommeler, se fâcher, finalement le valet de chambre me fit entrer.

Sur la table, il y avait la même assiette de massepains que d'habitude ; mon oncle avait sa vareuse de tous les jours, mais en face de lui, en robe de soie rose avec un grand collier de perles au cou, était assise une jeune femme qui achevait de manger une mandarine. L'incertitude où j'étais s'il fallait dire madame ou mademoiselle me fit rougir et n'osant pas trop tourner les yeux de son côté de peur d'avoir à lui parler, j'allai embrasser mon oncle. Elle me regardait en souriant, mon oncle lui dit : « Mon neveu », sans lui dire mon nom, ni me dire le sien, sans doute parce que, depuis les difficultés qu'il avait eues avec mon grand-père, il tâchait autant que possible d'éviter tout trait d'union entre sa famille et ce genre de relations.

---

1. *Colonne d'affiches* : colonne sur laquelle étaient collées les affiches annonçant les différents spectacles joués dans la capitale (ces colonnes dites « Morris » existent encore aujourd'hui).
2. *Œillères* : plaques de cuir empêchant le cheval de voir sur le côté.

« Comme il ressemble à sa mère, dit-elle.

– Mais vous n'avez jamais vu ma nièce qu'en photographie, dit vivement mon oncle d'un ton bourru.

390 – Je vous demande pardon, mon cher ami, je l'ai croisée dans l'escalier l'année dernière quand vous avez été si malade. Il est vrai que je ne l'ai vue que le temps d'un éclair et que votre escalier est bien noir, mais cela m'a suffi pour l'admirer. Ce petit jeune homme a ses beaux yeux et aussi *ça*, dit-elle, en traçant avec son doigt une
395 ligne sur le bas de son front. Est-ce que madame votre nièce porte le même nom que vous, ami ? demanda-t-elle à mon oncle.

– Il ressemble surtout à son père, grogna mon oncle qui ne se souciait pas plus de faire des présentations à distance en disant le nom de maman que d'en faire de près. C'est tout à fait son père et
400 aussi ma pauvre mère.

– Je ne connais pas son père, dit la dame en rose avec une légère inclinaison de la tête, et je n'ai jamais connu votre pauvre mère, mon ami. Vous vous souvenez, c'est peu après votre grand chagrin que nous nous sommes connus. »

405 J'éprouvais une petite déception, car cette jeune dame ne différait pas des autres jolies femmes que j'avais vues quelquefois dans ma famille, notamment de la fille d'un de nos cousins chez lequel j'allais tous les ans le premier janvier. Mieux habillée seulement, l'amie de mon oncle avait le même regard vif et bon, elle avait l'air
410 aussi franc et aimant. Je ne lui trouvais rien de l'aspect théâtral que j'admirais dans les photographies d'actrices, ni de l'expression diabolique qui eût été en rapport avec la vie qu'elle devait mener. J'avais peine à croire que ce fût une cocotte[1] et surtout je n'aurais pas cru que ce fût une cocotte chic si je n'avais pas vu la voiture à
415 deux chevaux, la robe rose, le collier de perles, si je n'avais pas su que mon oncle n'en connaissait que de la plus haute volée[2]. Mais je me demandais comment le millionnaire qui lui donnait sa

---

1. *Cocotte* : courtisane, femme de mœurs légères, entretenue.
2. *De la plus haute volée* : du meilleur rang, de la meilleure origine.

voiture et son hôtel et ses bijoux pouvait avoir du plaisir à manger
sa fortune pour une personne qui avait l'air si simple et comme il
420 faut. Et pourtant en pensant à ce que devait être sa vie, l'immora-
lité m'en troublait peut-être plus que si elle avait été concrétisée
devant moi en une apparence spéciale – d'être ainsi invisible
comme le secret de quelque roman, de quelque scandale qui avait
fait sortir de chez ses parents bourgeois et voué à tout le monde,
425 qui avait fait épanouir en beauté et haussé jusqu'au demi-monde [1]
et à la notoriété celle que ses jeux de physionomie, ses intonations
de voix, pareils à tant d'autres que je connaissais déjà, me faisaient
malgré moi considérer comme une jeune fille de bonne famille, qui
n'était plus d'aucune famille. [...]
430   « Allons, voyons, il est l'heure que tu t'en ailles », me dit mon
oncle.
    Je me levai, j'avais une envie irrésistible de baiser la main de
la dame en rose, mais il me semblait que c'eût été quelque chose
d'audacieux comme un enlèvement. Mon cœur battait tandis que
435 je me disais : « Faut-il le faire, faut-il ne pas le faire », puis je cessai
de me demander ce qu'il fallait faire pour pouvoir faire quelque
chose. Et d'un geste aveugle et insensé, dépouillé de toutes les
raisons que je trouvais il y avait un moment en sa faveur, je portai
à mes lèvres la main qu'elle me tendait.
440   « Comme il est gentil ! il est déjà galant, il a un petit œil pour
les femmes : il tient de son oncle. Ce sera un parfait gentleman,
ajouta-t-elle en serrant les dents pour donner à la phrase un accent
légèrement britannique. Est-ce qu'il ne pourrait pas venir une fois
prendre *a cup of tea*, comme disent nos voisins les Anglais ; il
445 n'aurait qu'à m'envoyer un "bleu [2]" le matin. »
    Je ne savais pas ce que c'était qu'un « bleu ». Je ne comprenais
pas la moitié des mots que disait la dame, mais la crainte que n'y
fût cachée quelque question à laquelle il eût été impoli de ne pas

---

1. *Demi-monde* : société intermédiaire entre les cercles mondains et les
classes inférieures. C'est en particulier le monde des courtisanes.
2. *Bleu* : télégramme.

répondre, m'empêchait de cesser de les écouter avec attention, et
450 j'en éprouvais une grande fatigue.

« Mais non, c'est impossible, dit mon oncle, en haussant les
épaules, il est très tenu, il travaille beaucoup. Il a tous les prix à
son cours, ajouta-t-il, à voix basse pour que je n'entende pas ce
mensonge et que je n'y contredise pas. Qui sait, ce sera peut-être
455 un petit Victor Hugo, une espèce de Vaulabelle, vous savez.

– J'adore les artistes, répondit la dame en rose, il n'y a qu'eux
qui comprennent les femmes... Qu'eux et les êtres d'élite comme
vous. Excusez mon ignorance, ami. Qui est Vaulabelle [1] ? Est-ce
les volumes dorés qu'il y a dans la petite bibliothèque vitrée de
460 votre boudoir [2] ? Vous savez que vous m'avez promis de me les
prêter, j'en aurai grand soin. »

Mon oncle qui détestait prêter ses livres ne répondit rien et me
conduisit jusqu'à l'antichambre [3]. Éperdu [4] d'amour pour la dame
en rose, je couvris de baisers fous les joues pleines de tabac de
465 mon vieil oncle, et tandis qu'avec assez d'embarras il me laissait
entendre sans oser me le dire ouvertement qu'il aimerait autant
que je ne parlasse pas de cette visite à mes parents, je lui disais,
les larmes aux yeux, que le souvenir de sa bonté était en moi si
fort que je trouverais bien un jour le moyen de lui témoigner ma
470 reconnaissance. Il était si fort en effet que deux heures plus tard,
après quelques phrases mystérieuses et qui ne parurent pas donner à mes parents une idée assez nette de la nouvelle importance
dont j'étais doué, je trouvai plus explicite [5] de leur raconter dans
les moindres détails la visite que je venais de faire. Je ne croyais
475 pas ainsi causer d'ennuis à mon oncle. Comment l'aurais-je cru,
puisque je ne le désirais pas. Et je ne pouvais supposer que mes

---

1. *Vaulabelle* : journaliste, homme politique et historien (1799-1879) ;
ministre de l'Instruction publique en 1848.
2. *Boudoir* : petit salon élégant.
3. *Antichambre* : pièce d'attente et d'accueil à l'entrée d'un appartement.
4. *Éperdu* : fou.
5. *Explicite* : clair et précis.

parents trouveraient du mal dans une visite où je n'en trouvais pas. Mes parents malheureusement s'en remirent à des principes entièrement différents de ceux que je leur suggérais d'adopter, quand ils voulurent apprécier l'action de mon oncle. Mon père et mon grand-père eurent avec lui des explications violentes ; j'en fus indirectement informé. Quelques jours après, croisant dehors mon oncle qui passait en voiture découverte, je ressentis la douleur, la reconnaissance, le remords que j'aurais voulu lui exprimer. À côté de leur immensité, je trouvai qu'un coup de chapeau serait mesquin [1] et pourrait faire supposer à mon oncle que je ne me croyais pas tenu envers lui à plus qu'à une banale politesse. Je résolus de m'abstenir de ce geste insuffisant et je détournai la tête. Mon oncle pensa que je suivais en cela les ordres de mes parents, il ne le leur pardonna pas, et il est mort bien des années après sans qu'aucun de nous l'ait jamais revu.

Aussi je n'entrais plus dans le cabinet de repos, maintenant fermé, de mon oncle Adolphe et après m'être attardé aux abords de l'arrière-cuisine, quand Françoise, apparaissant sur le parvis, me disait : « Je vais laisser ma fille de cuisine [2] servir le café et monter l'eau chaude, il faut que je me sauve chez Mme Octave », je me décidais à rentrer et montais directement lire chez moi. La fille de cuisine était une personne morale, une institution permanente à qui des attributions invariables assuraient une sorte de continuité et d'identité, à travers la succession des formes passagères en lesquelles elle s'incarnait [3] : car nous n'eûmes jamais la même deux ans de suite. L'année où nous mangeâmes tant d'asperges, la fille de cuisine habituellement chargée de les « plumer [4] » était une pauvre créature maladive, dans un état de grossesse déjà assez avancé quand nous arrivâmes à Pâques, et on s'étonnait même que Françoise lui laissât faire tant de courses et

1. *Mesquin* : peu généreux, étroit d'esprit.
2. *Fille de cuisine* : employée de maison qui aide à la cuisine.
3. *Elle s'incarnait* : elle prenait corps.
4. *Plumer* : éplucher.

de besogne, car elle commençait à porter difficilement devant elle la mystérieuse corbeille, chaque jour plus remplie, dont on devinait sous ses amples sarraux [1] la forme magnifique.

510 Pendant que la fille de cuisine – faisant briller involontairement la supériorité de Françoise, comme l'Erreur, par le contraste, rend plus éclatant le triomphe de la Vérité – servait du café qui, selon maman n'était que de l'eau chaude, et montait ensuite dans nos chambres de l'eau chaude qui était à peine tiède, je m'étais étendu
515 sur mon lit, un livre à la main, dans ma chambre qui protégeait en tremblant sa fraîcheur transparente et fragile contre le soleil de l'après-midi derrière ses volets presque clos où un reflet de jour avait pourtant trouvé moyen de faire passer ses ailes jaunes, et restait immobile entre le bois et le vitrage, dans un coin, comme
520 un papillon posé. Il faisait à peine assez clair pour lire, et la sensation de la splendeur de la lumière ne m'était donnée que par les coups frappés dans la rue de la Cure par Camus (averti par Françoise que ma tante ne « reposait pas » et qu'on pouvait faire du bruit) contre des caisses poussiéreuses, mais qui, retentissant dans
525 l'atmosphère sonore, spéciale aux temps chauds, semblaient faire voler au loin des astres écarlates ; et aussi par les mouches qui exécutaient devant moi, dans leur petit concert, comme la musique de chambre de l'été ; elle ne l'évoque pas à la façon d'un air de musique humaine, qui, entendu par hasard à la belle saison, vous
530 la rappelle ensuite ; elle est unie à l'été par un lien plus nécessaire : née des beaux jours, ne renaissant qu'avec eux, contenant un peu de leur essence, elle n'en réveille pas seulement l'image dans notre mémoire, elle en certifie le retour, la présence effective, ambiante, immédiatement accessible.

535 Cette obscure fraîcheur de ma chambre était au plein soleil de la rue, ce que l'ombre est au rayon, c'est-à-dire aussi lumineuse que lui, et offrait à mon imagination le spectacle total de l'été dont mes sens si j'avais été en promenade, n'auraient pu jouir que par

---

1. *Sarraux* : blouses de travail paysannes portées sur les vêtements.

morceaux ; et ainsi elle s'accordait bien à mon repos qui (grâce
540 aux aventures racontées par mes livres et qui venaient l'émouvoir),
supportait pareil au repos d'une main immobile au milieu d'une
eau courante, le choc et l'animation d'un torrent d'activité.

Mais ma grand-mère, même si le temps trop chaud s'était gâté,
si un orage ou seulement un grain[1] était survenu, venait me sup-
545 plier de sortir. Et ne voulant pas renoncer à ma lecture, j'allais du
moins la continuer au jardin, sous le marronnier, dans une petite
guérite[2] en sparterie[3] et en toile au fond de laquelle j'étais assis et
me croyais caché aux yeux des personnes qui pourraient venir faire
visite à mes parents.

550 Et ma pensée n'était-elle pas aussi comme une autre crèche[4] au
fond de laquelle je sentais que je restais enfoncé, même pour regarder ce qui se passait au dehors ? Quand je voyais un objet extérieur,
la conscience que je le voyais restait entre moi et lui, le bordait d'un
mince liséré[5] spirituel qui m'empêchait de jamais toucher directe-
555 ment sa matière ; elle se volatilisait[6] en quelque sorte avant que je
prisse contact avec elle, comme un corps incandescent[7] qu'on
approche d'un objet mouillé ne touche pas son humidité parce
qu'il se fait toujours précéder d'une zone d'évaporation. Dans
l'espèce d'écran diapré[8] d'états différents que, tandis que je lisais,
560 déployait simultanément ma conscience, et qui allaient des aspirations les plus profondément cachées en moi-même jusqu'à la vision
tout extérieur de l'horizon que j'avais, au bout du jardin, sous les
yeux, ce qu'il y avait d'abord en moi, de plus intime, la poignée sans
cesse en mouvement qui gouvernait le reste, c'était ma croyance en

---

1. **Grain** : averse soudaine et brève.
2. **Guérite** : abri.
3. **Sparterie** : fabrication d'objets à partir de fibres de jonc par exemple.
4. **Crèche** : petit édifice servant d'étable.
5. **Liséré** : ruban étroit dont on borde un vêtement.
6. **Elle se volatilisait** : elle disparaissait dans les airs.
7. **Incandescent** : brûlant.
8. **Diapré** : de couleur changeante.

565 la richesse philosophique, en la beauté du livre que je lisais, et
mon désir de me les approprier, quel que fût ce livre. Car, même
si je l'avais acheté à Combray, en l'apercevant devant l'épicerie
Borange, trop distante de la maison pour que Françoise pût s'y
fournir comme chez Camus, mais mieux achalandée [1] comme pape-
570 terie et librairie, retenu par des ficelles dans la mosaïque des bro-
chures et des livraisons qui revêtaient les deux vantaux [2] de sa porte
plus mystérieuse, plus semée de pensées qu'une porte de cathédrale, c'est que je l'avais reconnu pour m'avoir été cité comme un
ouvrage remarquable par le professeur ou le camarade qui me
575 paraissait à cette époque détenir le secret de la vérité et de la beauté
à demi pressenties, à demi incompréhensibles, dont la connaissance était le but vague mais permanent de ma pensée.

Après cette croyance centrale qui, pendant ma lecture, exécu-
tait d'incessants mouvements du dedans au dehors, vers la décou-
580 verte de la vérité, venaient les émotions que me donnait l'action à
laquelle je prenais part, car ces après-midi-là étaient plus remplis
d'événements dramatiques que ne l'est souvent toute une vie.
C'était les événements qui survenaient dans le livre que je lisais ;
il est vrai que les personnages qu'ils affectaient [3] n'étaient pas
585 « réels », comme disait Françoise. Mais tous les sentiments que
nous font éprouver la joie ou l'infortune d'un personnage réel ne
se produisent en nous que par l'intermédiaire d'une image de
cette joie ou de cette infortune ; l'ingéniosité du premier romancier consista à comprendre que dans l'appareil [4] de nos émotions,
590 l'image étant le seul élément essentiel, la simplification qui consis-
terait à supprimer purement et simplement les personnages réels
serait un perfectionnement décisif. Un être réel, si profondément
que nous sympathisions [5] avec lui, pour une grande part est perçu

---

1. *Achalandée* : approvisionnée.
2. *Vantaux* : volets mobiles.
3. *Qu'ils affectaient* : qu'ils simulaient.
4. *L'appareil* : le système.
5. *Que nous sympathisions* : ici, au sens étymologique fort de « souffrir avec ».

par nos sens, c'est-à-dire nous reste opaque, offre un poids mort
que notre sensibilité ne peut soulever. Qu'un malheur le frappe,
ce n'est qu'en une petite partie de la notion totale que nous avons
de lui, que nous pourrons en être émus, bien plus, ce n'est qu'en
une partie de la notion totale qu'il a de soi, qu'il pourra l'être lui-
même. La trouvaille du romancier a été d'avoir l'idée de rempla-
cer ces parties impénétrables à l'âme par une quantité égale de
parties immatérielles, c'est-à-dire que notre âme peut s'assimiler.
Qu'importe dès lors que les actions, les émotions de ces êtres d'un
nouveau genre nous apparaissent comme vraies, puisque nous les
avons faites nôtres, puisque c'est en nous qu'elles se produisent,
qu'elles tiennent sous leur dépendance, tandis que nous tournons
fiévreusement les pages du livre, la rapidité de notre respiration et
l'intensité de notre regard. Et une fois que le romancier nous a mis
dans cet état, où comme dans tous les états purement intérieurs,
toute émotion est décuplée, où son livre va nous troubler à la
façon d'un rêve mais d'un rêve plus clair que ceux que nous
avons en dormant et dont le souvenir durera davantage, alors,
voici qu'il déchaîne en nous pendant une heure tous les bonheurs
et tous les malheurs possibles dont nous mettrions dans la vie des
années à connaître quelques-uns, et dont les plus intenses ne nous
seraient jamais révélés parce que la lenteur avec laquelle ils se
produisent nous en ôte la perception ; (ainsi notre cœur change,
dans la vie, et c'est la pire douleur ; mais nous ne la connaissons
que dans la lecture, en imagination : dans la réalité il change,
comme certains phénomènes de la nature se produisent, assez
lentement pour que, si nous pouvons constater successivement
chacun de ses états différents, en revanche la sensation même du
changement nous soit épargnée).

Déjà moins intérieur à mon corps que cette vie des personnages, venait ensuite, à demi projeté devant moi, le paysage où
se déroulait l'action et qui exerçait sur ma pensée une bien plus
grande influence que l'autre, que celui que j'avais sous les yeux
quand je les levais du livre. C'est ainsi que pendant deux étés,

dans la chaleur du jardin de Combray, j'ai eu, à cause du livre que je lisais alors, la nostalgie d'un pays montueux[1] et fluviatile[2], où je verrais beaucoup de scieries et où, au fond de l'eau claire, des morceaux de bois pourrissaient sous des touffes de cresson ; non loin montaient le long de murs bas, des grappes de fleurs violettes et rougeâtres. Et comme le rêve d'une femme qui m'aurait aimé était toujours présent à ma pensée, ces étés-là ce rêve fut imprégné de la fraîcheur des eaux courantes ; et quelle que fût la femme que j'évoquais, des grappes de fleurs violettes et rougeâtres s'élevaient aussitôt de chaque côté d'elle comme des couleurs complémentaires.

Ce n'était pas seulement parce qu'une image dont nous rêvons reste toujours marquée, s'embellit et bénéficie du reflet des couleurs étrangères qui par hasard l'entourent dans notre rêverie ; car ces paysages des livres que je lisais n'étaient pas pour moi que des paysages plus vivement représentés à mon imagination que ceux que Combray mettait sous mes yeux, mais qui eussent été analogues[3]. Par le choix qu'en avait fait l'auteur, par la foi avec laquelle ma pensée allait au-devant de sa parole comme d'une révélation, ils me semblaient être – impression que ne me donnait guère le pays où je me trouvais, et surtout notre jardin, produit sans prestige de la correcte fantaisie du jardinier que méprisait ma grand-mère – une part véritable de la Nature elle-même, digne d'être étudiée et approfondie.

Si mes parents m'avaient permis, quand je lisais un livre, d'aller visiter la région qu'il décrivait, j'aurais cru faire un pas inestimable dans la conquête de la vérité. Car si on a la sensation d'être toujours entouré de son âme, ce n'est pas comme d'une prison immobile ; plutôt on est comme emporté avec elle dans un perpétuel élan pour la dépasser, pour atteindre à l'extérieur, avec une sorte de découragement, entendant toujours autour de soi

---

1. *Montueux* : vallonné.
2. *Fluviatile* : riche en cours d'eau.
3. *Analogues* : identiques.

cette sonorité identique qui n'est pas écho du dehors mais reten-
tissement d'une vibration interne. On cherche à retrouver dans
les choses, devenues par là précieuses, le reflet que notre âme a
projeté sur elles, on est déçu en constatant qu'elles semblent
dépourvues dans la nature, du charme qu'elles devaient, dans
notre pensée, au voisinage de certaines idées ; parfois on conver-
tit toutes les forces de cette âme en habileté, en splendeur pour
agir sur des êtres dont nous sentons bien qu'ils sont situés en
dehors de nous et que nous ne les atteindrons jamais. Aussi, si
j'imaginais toujours autour de la femme que j'aimais, les lieux
que je désirais le plus alors, si j'eusse voulu que ce fût elle qui
me les fît visiter, qui m'ouvrît l'accès d'un monde inconnu, ce
n'était pas par le hasard d'une simple association de pensée ;
non, c'est que mes rêves de voyage et d'amour n'étaient que des
moments – que je sépare artificiellement aujourd'hui comme si je
pratiquais des sections à des hauteurs différentes d'un jet d'eau
irisé et en apparence immobile – dans un même et infléchissable
jaillissement de toutes les forces de ma vie.

Enfin en continuant à suivre du dedans au dehors les états
simultanément juxtaposés dans ma conscience, et avant d'arriver
jusqu'à l'horizon réel qui les enveloppait, je trouve des plaisirs
d'un autre genre, celui d'être bien assis, de sentir la bonne odeur
de l'air, de ne pas être dérangé par une visite ; et, quand une heure
sonnait au clocher de Saint-Hilaire, de voir tomber morceau par
morceau ce qui de l'après-midi était déjà consommé[1], jusqu'à ce
que j'entendisse le dernier coup qui me permettait de faire le total
et après lequel le long silence qui le suivait semblait faire commencer dans le ciel bleu toute la partie qui m'était encore concédée[2]
pour lire jusqu'au bon dîner qu'apprêtait Françoise et qui me
réconforterait des fatigues prises, pendant la lecture du livre, à la
suite de son héros. Et à chaque heure il me semblait que c'étaient

---

1. *Consommé* : passé.
2. *Concédée* : accordée par générosité.

690 quelques instants seulement auparavant que la précédente avait
sonné ; la plus récente venait s'inscrire tout près de l'autre dans le
ciel et je ne pouvais croire que soixante minutes eussent tenu dans
ce petit arc bleu qui était compris entre leurs deux marques d'or.
Quelquefois même cette heure prématurée sonnait deux coups de
695 plus que la dernière ; il y en avait donc une que je n'avais pas
entendue, quelque chose qui avait eu lieu n'avait pas eu lieu pour
moi ; l'intérêt de la lecture, magique comme un profond sommeil,
avait donné le change[1] à mes oreilles hallucinées et effacé la
cloche d'or sur la surface azurée du silence. Beaux après-midi du
700 dimanche sous le marronnier du jardin de Combray, soigneusement vidés par moi des incidents médiocres de mon existence
personnelle que j'y avais remplacés par une vie d'aventures et
d'aspirations étranges au sein d'un pays arrosé d'eaux vives, vous
m'évoquez encore cette vie quand je pense à vous et vous la
705 contenez en effet pour l'avoir peu à peu contournée et enclose[2]
– tandis que je progressais dans ma lecture et que tombait la
chaleur du jour – dans le cristal successif, lentement changeant et
traversé de feuillages, de vos heures silencieuses, sonores, odorantes et limpides. […]

710 Je pouvais d'habitude, au contraire, lire tranquille. Mais l'inter-
ruption et le commentaire qui furent apportés une fois par une
visite de Swann à la lecture que j'étais en train de faire du livre
d'un auteur tout nouveau pour moi, Bergotte[3], eut cette consé-
quence que, pour longtemps, ce ne fut plus sur un mur décoré de
715 fleurs violettes en quenouille[4], mais sur un fond tout autre, devant
le portail d'une cathédrale gothique, que se détacha désormais
l'image d'une des femmes dont je rêvais.

---

1. Avait donné le change : avait trompé.

2. Enclose : entourée, enfermée.

3. Bergotte : écrivain fictif qui joue un rôle important dans toute la *Recherche*,
et en particulier dans la formation artistique du Narrateur.

4. En quenouille : de forme effilée.

J'avais entendu parler de Bergotte pour la première fois par un de mes camarades plus âgé que moi et pour qui j'avais une grande admiration, Bloch. En m'entendant lui avouer mon admiration pour la *Nuit d'octobre*[1] il avait fait éclater un rire bruyant comme une trompette et m'avait dit : « Défie-toi de ta dilection[2] assez basse pour le sieur de Musset. C'est un coco[3] des plus malfaisants et une assez sinistre brute. Je dois confesser, d'ailleurs, que lui et même le nommé Racine, ont fait chacun dans leur vie un vers assez bien rythmé, et qui a pour lui, ce qui est selon moi le mérite suprême, de ne signifier absolument rien. C'est : "La blanche Oloossone et la blanche Camyre[4]" et "La fille de Minos et de Pasiphaé[5]". Ils m'ont été signalés à la décharge[6] de ces deux malandrins[7] par un article de mon très cher maître, le Père Leconte, agréable aux Dieux immortels. À propos voici un livre que je n'ai pas le temps de lire en ce moment qui est recommandé, paraît-il, par cet immense bonhomme. Il tient, m'a-t-on dit, l'auteur, le sieur Bergotte, pour un coco des plus subtils ; et bien qu'il fasse preuve, des fois, de mansuétudes[8] assez mal explicables, sa parole est pour moi oracle delphique[9]. Lis donc ces proses lyriques, et si le gigantesque assembleur de rythmes qui a écrit *Bhagavat* et *Le Lévrier de Magnus*[10] a dit vrai, par Apollon[11],

---

1. *Nuit d'octobre* : poème d'Alfred de Musset (1810-1857).
2. *Dilection* : amour spirituel.
3. *Coco* : (péjoratif) individu étrange et suspect.
4. Musset, *La Nuit de mai*, v. 79.
5. Racine, *Phèdre*, I, 1, v. 36.
6. *À la décharge* : pour la défense de.
7. *Malandrins* : brigands.
8. *Mansuétudes* : indulgences, bontés.
9. *Oracle delphique* : l'oracle de Delphes, en Grèce, rapportait les paroles du dieu Apollon.
10. *Bhagavat* appartient aux *Poèmes antiques* (1852) et *Le Lévrier de Magnus* aux *Poèmes tragiques* (1884) de Leconte de Lisle.
11. *Apollon* : dieu grec de la musique et de la poésie. Il est le protecteur des Muses, inspiratrices des artistes.

tu goûteras, cher maître, les joies nectaréennes [1] de l'Olympos [2]. »
740 C'est sur un ton sarcastique [3] qu'il m'avait demandé de l'appeler
« cher maître » et qu'il m'appelait lui-même ainsi. Mais en réalité
nous prenions un certain plaisir à ce jeu, étant encore rapprochés
de l'âge où on croit qu'on crée ce qu'on nomme.

Malheureusement, je ne pus pas apaiser en causant avec Bloch
745 et en lui demandant des explications, le trouble où il m'avait jeté
quand il m'avait dit que les beaux vers (à moi qui n'attendais
d'eux rien moins que la révélation de la vérité), étaient d'autant
plus beaux qu'ils ne signifiaient rien du tout. Bloch en effet ne fut
pas réinvité à la maison. Il y avait d'abord été bien accueilli. [...]
750 Mais Bloch avait déplu à mes parents pour d'autres raisons. Il
avait commencé par agacer mon père qui, le voyant mouillé, lui
avait dit avec intérêt :

« Mais, monsieur Bloch, quel temps fait-il donc, est-ce qu'il a
plu ? Je n'y comprends rien, le baromètre était excellent. »
755 Il n'en avait tiré que cette réponse :

« Monsieur, je ne puis absolument vous dire s'il a plu. Je vis si
résolument en dehors des contingences physiques [4] que mes sens
ne prennent pas la peine de me les notifier. »

« Mais, mon pauvre fils, il est idiot ton ami, m'avait dit mon
760 père quand Bloch fut parti. Comment ! il ne peut même pas me
dire le temps qu'il fait ! Mais il n'y a rien de plus intéressant !
C'est un imbécile. »

Puis Bloch avait déplu à ma grand-mère parce que, après le
déjeuner comme elle disait qu'elle était un peu souffrante, il avait
765 étouffé un sanglot et essuyé des larmes.

---

1. Nectaréennes : qui ont la saveur du nectar, boisson des dieux dans la
mythologie grecque.
2. L'Olympos : l'Olympe, montagne qui était le lieu de résidence mythique
des dieux.
3. Sarcastique : moqueur.
4. Les contingences physiques : les événements matériels et sans importance.

« Comment veux-tu que ça soit sincère, me dit-elle, puisqu'il ne me connaît pas ; ou bien alors il est fou. »

Et enfin il avait mécontenté tout le monde parce que, étant venu déjeuner une heure et demie en retard et couvert de boue, au lieu de s'excuser, il avait dit :

« Je ne me laisse jamais influencer par les perturbations de l'atmosphère ni par les divisions conventionnelles du temps. Je réhabiliterais volontiers l'usage de la pipe d'opium et du kriss [1] malais, mais j'ignore celui de ces instruments infiniment plus pernicieux [2] et d'ailleurs platement bourgeois, la montre et le parapluie. » [...]

Mais au sujet de Bergotte il avait dit vrai.

Les premiers jours, comme un air de musique dont on raffolera, mais qu'on ne distingue pas encore, ce que je devais tant aimer dans son style ne m'apparut pas. Je ne pouvais pas quitter le roman que je lisais de lui, mais me croyais seulement intéressé par le sujet, comme dans ces premiers moments de l'amour où on va tous les jours retrouver une femme à quelque réunion, à quelque divertissement par les agréments desquels on se croit attiré. Puis je remarquai les expressions rares, presque archaïques qu'il aimait employer à certains moments où un flot caché d'harmonie, un prélude [3] intérieur, soulevait son style ; et c'était aussi à ces moments-là qu'il se mettait à parler du « vain songe de la vie », de « l'inépuisable torrent des belles apparences », du « tourment stérile et délicieux de comprendre et d'aimer », des « émouvantes effigies [4] qui anoblissent à jamais la façade vénérable et charmante des cathédrales », qu'il exprimait toute une philosophie nouvelle pour moi par de merveilleuses images dont on aurait dit que c'était elles qui avaient éveillé ce chant de harpes

---

1. *Kriss* : poignard de Malaisie.
2. *Pernicieux* : dangereux, nocif.
3. *Prélude* : pièce instrumentale qui peut servir d'ouverture à une œuvre ou constituer un tout.
4. *Effigies* : images, portraits.

795 qui s'élevait alors et à l'accompagnement duquel elles donnaient
quelque chose de sublime. [...]

D'après ses livres j'imaginais Bergotte comme un vieillard
faible et déçu qui avait perdu des enfants et ne s'était jamais
consolé. Aussi je lisais, je chantais intérieurement sa prose, plus
800 *dolce*, plus *lento*[1] peut-être qu'elle n'était écrite, et la phrase la
plus simple s'adressait à moi avec une intonation attendrie. Plus
que tout j'aimais sa philosophie, je m'étais donné à elle pour
toujours. Elle me rendait impatient d'arriver à l'âge où j'entrerais
au collège, dans la classe appelée Philosophie[2]. Mais je ne vou-
805 lais pas qu'on y fît autre chose que vivre uniquement par la
pensée de Bergotte, et si l'on m'avait dit que les métaphysiciens[3]
auxquels je m'attacherais alors ne lui ressembleraient en rien,
j'aurais ressenti le désespoir d'un amoureux qui veut aimer pour
la vie et à qui on parle des autres maîtresses qu'il aura plus tard.

810 Un dimanche, pendant ma lecture au jardin, je fus dérangé
par Swann qui venait voir mes parents.

«Qu'est-ce que vous lisez, on peut regarder? Tiens, du
Bergotte? Qui donc vous a indiqué ses ouvrages?»

Je lui dis que c'était Bloch.

815 «Ah! oui, ce garçon que j'ai vu une fois ici, qui ressemble
tellement au portrait de Mahomet II[4] par Bellini[5]. Oh! c'est frap-
pant, il a les mêmes sourcils circonflexes, le même nez recourbé,
les mêmes pommettes saillantes. Quand il aura une barbiche ce
sera la même personne. En tout cas il a du goût, car Bergotte est
820 un charmant esprit.» Et voyant combien j'avais l'air d'admirer

---

1. *Dolce* (doux), *lento* (lent): termes italiens employés en musique pour
indiquer la manière dont il faut interpréter une œuvre musicale.
2. *Philosophie*: classe où l'on commence l'étude de la philosophie.
3. *Métaphysiciens*: philosophes qui étudient les origines de l'existence et de
la connaissance.
4. *Mahomet II*: sultan ottoman du XVe siècle qui prit Constantinople en
1453.
5. *Bellini*: peintre italien (vers 1430-1516) qui séjourna à Istanbul.

Bergotte, Swann qui ne parlait jamais des gens qu'il connaissait fit, par bonté, une exception et me dit :

« Je le connais beaucoup, si cela pouvait vous faire plaisir qu'il écrive un mot en tête de votre volume, je pourrais le lui deman-
825 der. »

Je n'osai pas accepter mais posai à Swann des questions sur Bergotte. « Est-ce que vous pourriez me dire quel est l'acteur qu'il préfère ?

– L'acteur, je ne sais pas. Mais je sais qu'il n'égale aucun
830 artiste homme à la Berma[1] qu'il met au-dessus de tout. L'avez-vous entendue ?

– Non monsieur, mes parents ne me permettent pas d'aller au théâtre.

– C'est malheureux. Vous devriez leur demander. [...]
835 « Est-ce qu'il y a des ouvrages de Bergotte où il ait parlé de la Berma ? demandai-je à M. Swann.

– Je crois dans sa petite plaquette[2] sur Racine, mais elle doit être épuisée. Il y a peut-être eu cependant une réimpression. Je m'informerai. Je peux d'ailleurs demander à Bergotte tout ce que
840 vous voulez, il n'y a pas de semaine dans l'année où il ne dîne à la maison. C'est le grand ami de ma fille. Ils vont ensemble visiter les vieilles villes, les cathédrales, les châteaux. »

Comme je n'avais aucune notion sur la hiérarchie sociale, depuis longtemps l'impossibilité que mon père trouvait à ce que
845 nous fréquentions Mme et Mlle Swann avait eu plutôt pour effet, en me faisant imaginer entre elles et nous de grandes distances, de leur donner à mes yeux du prestige. Je regrettais que ma mère ne se teignît pas les cheveux et ne se mît pas de rouge aux lèvres comme j'avais entendu dire par notre voisine Mme Sazerat que
850 Mme Swann le faisait pour plaire, non à son mari, mais à M. de Charlus, et je pensais que nous devions être pour elle un objet de

---

1. *La Berma* : actrice fictive, librement inspirée par la figure de la grande tragédienne française Sarah Bernhardt (1844-1923).
2. *Plaquette* : petit livre.

mépris, ce qui me peinait surtout à cause de Mlle Swann qu'on m'avait dit être une si jolie petite fille et à laquelle je rêvais souvent en lui prêtant chaque fois un même visage arbitraire [1] et

855 charmant. Mais quand j'eus appris ce jour-là que Mlle Swann était un être d'une condition si rare, baignant comme dans son élément naturel au milieu de tant de privilèges, que quand elle demandait à ses parents s'il y avait quelqu'un à dîner, on lui répondait par ces syllabes remplies de lumière, par le nom de ce

860 convive d'or qui n'était pour elle qu'un vieil ami de sa famille : Bergotte ; que, pour elle, la causerie intime à table, ce qui correspondait à ce qu'était pour moi la conversation de ma grand-tante, c'était des paroles de Bergotte sur tous ces sujets qu'il n'avait pu aborder dans ses livres, et sur lesquels j'aurais voulu l'écouter

865 rendre ses oracles ; et qu'enfin, quand elle allait visiter des villes, il cheminait à côté d'elle, inconnu et glorieux, comme les dieux qui descendaient au milieu des mortels ; alors je sentis en même temps que le prix d'un être comme Mlle Swann, combien je lui paraîtrais grossier et ignorant, et j'éprouvai si vivement la dou-

870 ceur et l'impossibilité qu'il y aurait pour moi à être son ami, que je fus rempli à la fois de désir et de désespoir. Le plus souvent maintenant quand je pensais à elle, je la voyais devant le porche d'une cathédrale, m'expliquant la signification des statues, et, avec un sourire qui disait du bien de moi, me présentant comme

875 son ami, à Bergotte. Et toujours le charme de toutes les idées que faisaient naître en moi les cathédrales, le charme des coteaux de l'Île-de-France et des plaines de la Normandie faisait refluer ses reflets sur l'image que je me formais de Mlle Swann : c'était être tout prêt à l'aimer. [...]

880 Tandis que je lisais au jardin, ce que ma grand-tante n'aurait pas compris que je fisse en dehors du dimanche, jour où il est défendu de s'occuper à rien de sérieux et où elle ne cousait pas (un jour de semaine, elle m'aurait dit « comment tu t'*amuses* encore à

---

1. *Arbitraire* : voir la note 2, p. 54.

lire, ce n'est pourtant pas dimanche» en donnant au mot amuse-
885 ment le sens d'enfantillage et de perte de temps), ma tante Léonie
devisait[1] avec Françoise en attendant l'heure d'Eulalie. Elle lui
annonçait qu'elle venait de voir passer Mme Goupil «sans parapluie, avec la robe de soie qu'elle s'est fait faire à Châteaudun. Si
elle a loin à aller avant vêpres[2] elle pourrait bien la faire saucer[3]».
890 [...]

Ainsi passait la vie pour ma tante Léonie, toujours identique,
dans la douce uniformité de ce qu'elle appelait avec un dédain
affecté[4] et une tendresse profonde, son «petit train-train». Pré-
servé par tout le monde, non seulement à la maison, où chacun
895 ayant éprouvé l'inutilité de lui conseiller une meilleure hygiène,
s'était peu à peu résigné à le respecter, mais même dans le village
où, à trois rues de nous, l'emballeur, avant de clouer ses caisses,
faisait demander à Françoise si ma tante ne «reposait pas» – ce
train-train fut pourtant troublé une fois cette année-là. Comme un
900 fruit caché qui serait parvenu à maturité sans qu'on s'en aperçût et
se détacherait spontanément, survint une nuit la délivrance de la
fille de cuisine[5]. Mais ses douleurs étaient intolérables, et comme
il n'y avait pas de sage-femme à Combray, Françoise dut partir
avant le jour en chercher une à Thiberzy. Ma tante, à cause des
905 cris de la fille de cuisine, ne put reposer, et Françoise, malgré la
courte distance, n'étant revenue que très tard, lui manqua beaucoup. Aussi, ma mère me dit-elle dans la matinée : «Monte donc
voir si ta tante n'a besoin de rien.» J'entrai dans la première pièce
et, par la porte ouverte, vis ma tante, couchée sur le côté, qui
910 dormait ; je l'entendis ronfler légèrement. J'allais m'en aller doucement mais sans doute le bruit que j'avais fait était intervenu dans
son sommeil et en avait «changé la vitesse», comme on dit pour

---

1. Devisait : voir la note 2, p. 69.
2. Vêpres : voir la note 6, p. 73.
3. Saucer : mouiller par la pluie (familier).
4. Affecté : simulé, faux.
5. La délivrance de la fille de cuisine : l'accouchement de la fille de cuisine.

les automobiles, car la musique du ronflement s'interrompit une
seconde et reprit un ton plus bas, puis elle s'éveilla et tourna à
915 demi son visage que je pus voir alors ; il exprimait une sorte de
terreur ; elle venait évidemment d'avoir un rêve affreux ; elle ne
pouvait me voir de la façon dont elle était placée, et je restais là ne
sachant si je devais m'avancer ou me retirer ; mais déjà elle semblait revenue au sentiment de la réalité et avait reconnu le men-
920 songe des visions qui l'avaient effrayée ; un sourire de joie, de
pieuse [1] reconnaissance envers Dieu qui permet que la vie soit
moins cruelle que les rêves, éclaira faiblement son visage, et avec
cette habitude qu'elle avait prise de se parler à mi-voix à elle-même
quand elle se croyait seule, elle murmura : « Dieu soit loué ! nous
925 n'avons comme tracas que la fille de cuisine qui accouche. Voilà-
t-il pas que je rêvais que mon pauvre Octave était ressuscité et qu'il
voulait me faire faire une promenade tous les jours ! » Sa main se
tendit vers son chapelet [2] qui était sur la petite table, mais le sommeil recommençant ne lui laissa pas la force de l'atteindre : elle se
930 rendormit, tranquillisée, et je sortis à pas de loup de la chambre
sans qu'elle ni personne eût jamais appris ce que j'avais entendu.

Quand je dis qu'en dehors d'événements très rares, comme cet
accouchement, le train-train de ma tante ne subissait jamais
aucune variation, je ne parle pas de celles qui, se répétant toujours
935 identiques à des intervalles réguliers, n'introduisaient au sein de
l'uniformité qu'une sorte d'uniformité secondaire. C'est ainsi que
tous les samedis, comme Françoise allait dans l'après-midi au
marché de Roussainville-le-Pin, le déjeuner était pour tout le
monde, une heure plus tôt. Et ma tante avait si bien pris l'habitude
940 de cette dérogation [3] hebdomadaire à ses habitudes, qu'elle tenait
à cette habitude-là autant qu'aux autres. Elle y était si bien « routi-
née », comme disait Françoise, que s'il lui avait fallu un samedi,

---

1. *Pieuse* : religieuse.
2. *Chapelet* : objet de dévotion constitué de grains représentant chacun une
prière et que l'on fait glisser entre ses doigts en les récitant.
3. *Dérogation* : autorisation à ne pas respecter une loi ou règle.

attendre pour déjeuner l'heure habituelle, cela l'eût autant « déran-
gée » que si elle avait dû, un autre jour, avancer son déjeuner à
945 l'heure du samedi. Cette avance du déjeuner donnait d'ailleurs au
samedi, pour nous tous, une figure particulière, indulgente, et
assez sympathique. Au moment où d'habitude on a encore une
heure à vivre avant la détente du repas, on savait que, dans
quelques secondes, on allait voir arriver des endives précoces, une
950 omelette de faveur [1], un bifteck immérité. Le retour de ce samedi
asymétrique était un de ces petits événements intérieurs, locaux,
presque civiques qui, dans les vies tranquilles et les sociétés fer-
mées, créent une sorte de lien national et deviennent le thème
favori des conversations, des plaisanteries, des récits exagérés à
955 plaisir : il eût été le noyau tout prêt pour un cycle légendaire si
l'un de nous avait eu la tête épique [2]. Dès le matin, avant d'être
habillés, sans raison, pour le plaisir d'éprouver la force de la soli-
darité, on se disait les uns aux autres avec bonne humeur, avec
cordialité, avec patriotisme : « Il n'y a pas de temps à perdre,
960 n'oublions pas que c'est samedi ! » cependant que ma tante, conférant [3] avec Françoise et songeant que la journée serait plus longue
que d'habitude, disait : « Si vous leur faisiez un beau morceau de
veau, comme c'est samedi. » Si à dix heures et demie un distrait
tirait sa montre en disant : « Allons, encore une heure et demie
965 avant le déjeuner », chacun était enchanté d'avoir à lui dire : « Mais
voyons, à quoi pensez-vous, vous oubliez que c'est samedi ! » ; on
en riait encore un quart d'heure après et on se promettait de
monter raconter cet oubli à ma tante pour l'amuser. Le visage du
ciel même semblait changé. Après le déjeuner, le soleil, conscient
970 que c'était samedi, flânait une heure de plus au haut du ciel, et
quand quelqu'un, pensant qu'on était en retard pour la promenade, disait : « Comment, seulement deux heures ? » en voyant

---

1. *De faveur* : accordée par faveur spéciale.
2. *Épique* : relative à l'épopée, genre littéraire rapportant des événements
héroïques mêlés à la réalité.
3. *Conférant* : tenant conférence, parlant de sujets d'importance.

passer les deux coups du clocher de Saint-Hilaire (qui ont l'habitude de ne rencontrer encore personne dans les chemins désertés à
cause du repas de midi ou de la sieste, le long de la rivière vive et
blanche que le pêcheur même a abandonnée, et passent solitaires
dans le ciel vacant [1] où ne restent que quelques nuages paresseux),
tout le monde en chœur lui répondait : « Mais ce qui vous trompe,
c'est qu'on a déjeuné une heure plus tôt, vous savez bien que c'est
samedi ! » La surprise d'un barbare (nous appelions ainsi tous les
gens qui ne savaient pas ce qu'avait de particulier le samedi) qui,
étant venu à onze heures pour parler à mon père, nous avait
trouvés à table, était une des choses qui, dans sa vie, avaient le
plus égayé Françoise. Mais si elle trouvait amusant que le visiteur
interloqué ne sût pas que nous déjeunions plus tôt le samedi, elle
trouvait plus comique encore (tout en sympathisant du fond du
cœur avec ce chauvinisme [2] étroit) que mon père, lui, n'eût pas eu
l'idée que ce barbare pouvait l'ignorer et eût répondu sans autre
explication à son étonnement de nous voir déjà dans la salle à
manger : « Mais voyons, c'est samedi ! » Parvenue à ce point de
son récit, elle essuyait des larmes d'hilarité et pour accroître le
plaisir qu'elle éprouvait, elle prolongeait le dialogue, inventait ce
qu'avait répondu le visiteur à qui ce « samedi » n'expliquait rien. Et
bien loin de nous plaindre de ses additions, elles ne nous suffi-
saient pas encore et nous disions : « Mais il me semblait qu'il avait
dit aussi autre chose. C'était plus long la première fois quand vous
l'avez raconté. » Ma grand-tante elle-même laissait son ouvrage,
levait la tête et regardait par-dessus son lorgnon.

Le samedi avait encore ceci de particulier que ce jour-là, pendant le mois de mai, nous sortions après le dîner pour aller au
« mois de Marie [3] ».

---

1. Vacant : vide.
2. Chauvinisme : attachement exclusif et agressif à la patrie.
3. « Mois de Marie » : célébrations religieuses en l'honneur de la Vierge
Marie, qui ont lieu au mois de mai, mois consacré à la Vierge.

Comme nous y rencontrions parfois M. Vinteuil, très sévère pour le « genre déplorable des jeunes gens négligés, dans les idées de l'époque actuelle », ma mère prenait garde que rien ne clochât dans ma tenue, puis on partait pour l'église. C'est au mois de Marie que je me souviens d'avoir commencé à aimer les aubépines [1]. N'étant pas seulement dans l'église, si sainte, mais où nous avions le droit d'entrer, posées sur l'autel même, inséparables des mystères à la célébration desquels elles prenaient part, elles faisaient courir au milieu des flambeaux et des vases sacrés leurs branches attachées horizontalement les unes aux autres en un apprêt [2] de fête, et qu'enjolivaient encore les festons [3] de leur feuillage sur lequel étaient semés à profusion [4], comme sur une traîne de mariée, de petits bouquets de boutons d'une blancheur éclatante. Mais, sans oser les regarder qu'à la dérobée, je sentais que ces apprêts pompeux [5] étaient vivants et que c'était la nature elle-même qui, en creusant ces découpures dans les feuilles, en ajoutant l'ornement suprême de ces blancs boutons, avait rendu cette décoration digne de ce qui était à la fois une réjouissance populaire et une solennité mystique [6]. Plus haut s'ouvraient leurs corolles çà et là avec une grâce insouciante, retenant si négligemment comme un dernier et vaporeux atour [7] le bouquet d'étamines [8], fines comme des fils de la Vierge, qui les embrumait tout entières, qu'en suivant, qu'en essayant de mimer au fond de moi le geste de leur efflorescence [9], je l'imaginais comme si ç'avait été le mouvement de tête étourdi et rapide, au regard coquet, aux

---

1. Aubépines : fleurs odorantes roses ou blanches qui poussent sur des buissons épineux.

2. Apprêt : disposition, préparatif.

3. Festons : guirlandes de feuilles ou de fleurs en forme d'arc.

4. À profusion : en très grande quantité.

5. Pompeux : imposants, solennels.

6. Solennité mystique : dignité majestueuse liée à la foi, à la croyance.

7. Atour : ornement.

8. Étamines : organes sexuels mâles des végétaux qui renferment le pollen.

9. Efflorescence : floraison.

pupilles diminuées, d'une blanche jeune fille, distraite et vive. M. Vinteuil était venu avec sa fille se placer à côté de nous.

1030 D'une bonne famille, il avait été le professeur de piano des sœurs de ma grand-mère et quand, après la mort de sa femme et un héritage qu'il avait fait, il s'était retiré auprès de Combray, on le recevait souvent à la maison. [...]

Quand, au moment de quitter l'église, je m'agenouillai devant l'autel, je sentis tout d'un coup, en me relevant, s'échapper des 1035 aubépines une odeur amère et douce d'amandes, et je remarquai alors sur les fleurs de petites places plus blondes, sous lesquelles je me figurai que devait être cachée cette odeur comme sous les parties gratinées le goût d'une frangipane[1] ou sous leurs taches de rousseur celui des joues de Mlle Vinteuil. Malgré la silencieuse 1040 immobilité des aubépines, cette intermittente[2] odeur était comme le murmure de leur vie intense dont l'autel vibrait ainsi qu'une haie agreste[3] visitée par de vivantes antennes, auxquelles on pensait en voyant certaines étamines presque rousses qui semblaient avoir gardé la virulence printanière, le pouvoir irritant, d'insectes 1045 aujourd'hui métamorphosés en fleurs.

Nous causions un moment avec M. Vinteuil devant le porche en sortant de l'église. Il intervenait entre les gamins qui se chamaillaient sur la place, prenait la défense des petits, faisait des sermons aux grands. Si sa fille nous disait de sa grosse voix 1050 combien elle avait été contente de nous voir, aussitôt il semblait qu'en elle-même une sœur plus sensible rougissait de ce propos de bon garçon étourdi qui avait pu nous faire croire qu'elle sollicitait d'être invitée chez nous. Son père lui jetait un manteau sur les épaules, ils montaient dans un petit buggy[4] qu'elle condui- 1055 sait elle-même et tous deux retournaient à Montjouvain. Quant à nous, comme c'était le lendemain dimanche et qu'on ne se

---

1. *Frangipane* : crème pâtissière ou gâteau à base d'amandes.
2. *Intermittente* : discontinue, irrégulière.
3. *Agreste* : campagnarde, champêtre.
4. *Buggy* : petite voiture découverte.

lèverait que pour la grand-messe, s'il faisait clair de lune et que l'air fût chaud, au lieu de nous faire rentrer directement, mon père, par amour de la gloire, nous faisait faire par le calvaire[1] une longue promenade, que le peu d'aptitude de ma mère à s'orienter et à se reconnaître dans son chemin, lui faisait considérer comme la prouesse d'un génie stratégique. [...]

Tout d'un coup mon père nous arrêtait et demandait à ma mère : «Où sommes-nous ?» Épuisée par la marche, mais fière de lui, elle lui avouait tendrement qu'elle n'en savait absolument rien. Il haussait les épaules et riait. Alors, comme s'il l'avait sortie de la poche de son veston avec sa clef, il nous montrait debout devant nous la petite porte de derrière de notre jardin qui était venue avec le coin de la rue du Saint-Esprit nous attendre au bout de ces chemins inconnus. Ma mère lui disait avec admiration : «Tu es extraordinaire !» Et à partir de cet instant, je n'avais plus un seul pas à faire, le sol marchait pour moi dans ce jardin où depuis si longtemps mes actes avaient cessé d'être accompagnés d'attention volontaire : l'Habitude venait de me prendre dans ses bras et me portait jusqu'à mon lit comme un petit enfant. [...]

Un dimanche, où ma tante avait eu la visite simultanée du curé et d'Eulalie, et s'était ensuite reposée, nous étions tous montés lui dire bonsoir et maman lui adressait ses condoléances[2] sur la mauvaise chance qui amenait toujours ses visiteurs à la même heure :

«Je sais que les choses se sont encore mal arrangées tantôt, Léonie, lui dit-elle avec douceur, vous avez eu tout votre monde à la fois.»

Ce que ma grand-tante interrompit par : «Abondance de biens...» car depuis que sa fille était malade elle croyait devoir la remonter en lui présentant toujours tout par le bon côté. Mais mon père prenant la parole :

«Je veux profiter, dit-il, de ce que toute la famille est réunie pour vous faire un récit sans avoir besoin de le recommencer à

---

1. *Calvaire* : croix rappelant la passion du Christ.
2. *Condoléances* : ici, au sens de regrets.

chacun. J'ai peur que nous ne soyons fâchés avec Legrandin : il m'a à peine dit bonjour ce matin. »

1090 Je ne restai pas pour entendre le récit de mon père, car j'étais justement avec lui après la messe quand nous avions rencontré M. Legrandin, et je descendis à la cuisine demander le menu du dîner qui tous les jours me distrayait comme les nouvelles qu'on lit dans un journal et m'excitait à la façon d'un programme de fête.

1095 Comme M. Legrandin avait passé près de nous en sortant de l'église, marchant à côté d'une châtelaine du voisinage que nous ne connaissions que de vue, mon père avait fait un salut à la fois amical et réservé, sans que nous nous arrêtions ; M. Legrandin avait à peine répondu, d'un air étonné, comme s'il ne nous

1100 reconnaissait pas, et avec cette perspective du regard particulière aux personnes qui ne veulent pas être aimables et qui, du fond subitement prolongé de leurs yeux, ont l'air de vous apercevoir comme au bout d'une route interminable et à une si grande distance qu'elles se contentent de vous adresser un signe de tête

1105 minuscule pour le proportionner à vos dimensions de marionnette.

Or, la dame qu'accompagnait Legrandin était une personne vertueuse et considérée[1] ; il ne pouvait être question qu'il fût en bonne fortune[2] et gêné d'être surpris, et mon père se demandait comment il avait pu mécontenter Legrandin. « Je regretterais

1110 d'autant plus de le savoir fâché, dit mon père, qu'au milieu de tous ces gens endimanchés il a, avec son petit veston droit, sa cravate molle, quelque chose de si peu apprêté[3], de si vraiment simple, et un air presque ingénu[4] qui est tout à fait sympathique. » Mais le conseil de famille fut unanimement d'avis que

1115 mon père s'était fait une idée, ou que Legrandin, à ce moment-là, était absorbé par quelque pensée. D'ailleurs la crainte de mon père fut dissipée dès le lendemain soir. Comme nous revenions

---

1. **Considérée** : estimée, appréciée.
2. **En bonne fortune** : en galante compagnie.
3. **Apprêté** : étudié, peu naturel.
4. **Ingénu** : innocent, naïf.

d'une grande promenade, nous aperçûmes près du Pont-Vieux Legrandin, qui à cause de fêtes, restait plusieurs jours à Combray.
1120 Il vint à nous la main tendue : «Connaissez-vous, monsieur le liseur, me demanda-t-il, ce vers de Paul Desjardins :

Les bois sont déjà noirs, le ciel est encor bleu.

N'est-ce pas la fine notation de cette heure-ci ? Vous n'avez peut-être jamais lu Paul Desjardins. Lisez-le, mon enfant ;
1125 aujourd'hui il se mue, me dit-on, en frère prêcheur [1], mais ce fut longtemps un aquarelliste [2] limpide…

Les bois sont déjà noirs, le ciel est encor bleu… Que le ciel reste toujours bleu pour vous, mon jeune ami ; et même à l'heure, qui vient pour moi maintenant, où les bois sont déjà noirs, où la nuit
1130 tombe vite, vous vous consolerez comme je fais en regardant du côté du ciel.» Il sortit de sa poche une cigarette, resta longtemps les yeux à l'horizon. «Adieu, les camarades», nous dit-il tout à coup, et il nous quitta.

À cette heure où je descendais apprendre le menu, le dîner était
1135 déjà commencé et Françoise, commandant aux forces de la nature devenues ses aides, comme dans les féeries où les géants se font engager comme cuisiniers, frappait la houille, donnait à la vapeur des pommes de terre à étuver [3] et faisait finir à point par le feu les chefs-d'œuvre culinaires d'abord préparés dans des récipients de
1140 céramiste qui allaient des grandes cuves, marmites, chaudrons et poissonnières [4], aux terrines pour le gibier, moules à pâtisserie, et petits pots de crème en passant par une collection complète de casseroles de toutes dimensions. Je m'arrêtais à voir sur la table, où la fille de cuisine [5] venait de les écosser, les petits pois alignés et nombrés [6]

---

1. *Frère prêcheur* : religieux de l'ordre des Dominicains.
2. *Aquarelliste* : peintre pratiquant la peinture à l'eau.
3. *Étuver* : cuire à l'étouffée, dans la vapeur.
4. *Poissonnières* : marmites destinées à la cuisson du poisson.
5. *Fille de cuisine* : voir la note 2, p. 82.
6. *Nombrés* : comptés, dénombrés.

1145 comme des billes vertes dans un jeu ; mais mon ravissement était
devant les asperges, trempées d'outremer[1] et de rose et dont l'épi,
finement pignoché[2] de mauve et d'azur, se dégrade insensiblement
jusqu'au pied – encore souillé pourtant du sol de leur plant – par des
irisations[3] qui ne sont pas de la terre. Il me semblait que ces nuances
1150 célestes trahissaient les délicieuses créatures qui s'étaient amusées à
se métamorphoser en légumes et qui, à travers le déguisement de leur
chair comestible et ferme, laissaient apercevoir en ces couleurs nais-
santes d'aurore, en ces ébauches d'arc-en-ciel, en cette extinction de
soirs bleus, cette essence précieuse que je reconnaissais encore
1155 quand, toute la nuit qui suivait un dîner où j'en avais mangé, elles
jouaient, dans leurs farces poétiques et grossières comme une féerie
de Shakespeare, à changer mon pot de chambre en un vase de parfum.

La pauvre Charité de Giotto[4], comme l'appelait Swann, char-
1160 gée par Françoise de les « plumer[5] », les avait près d'elle dans une
corbeille, son air était douloureux, comme si elle ressentait tous les
malheurs de la terre ; et les légères couronnes d'azur qui ceignaient
les asperges au-dessus de leurs tuniques de rose étaient finement
dessinées, étoile par étoile, comme le sont dans la fresque les fleurs
1165 bandées autour du front ou piquées dans la corbeille de la Vertu de
Padoue[6]. Et cependant, Françoise tournait à la broche un de ces
poulets, comme elle seule savait en rôtir, qui avaient porté loin
dans Combray l'odeur de ses mérites, et qui, pendant qu'elle
nous les servait à table, faisaient prédominer la douceur dans ma
1170 conception spéciale de son caractère, l'arôme de cette chair qu'elle

---

1. *Outremer* : bleu intense.
2. *Pignoché* : peint à petits coups de pinceau, de manière soigneuse.
3. *Irisations* : voir la note 4, p. 35.
4. *Giotto* : peintre italien (1266-1337) dont est évoquée ici une peinture
allégorique représentant la Charité.
5. *Plumer* : voir la note 4, p. 82.
6. *La Vertu de Padoue* : fresque de Giotto représentant la Vertu et que l'on
peut voir dans la ville de Padoue.

savait rendre si onctueuse et si tendre n'étant pour moi que le propre parfum d'une de ses vertus.

Mais le jour où, pendant que mon père consultait le conseil de famille sur la rencontre de Legrandin, je descendis à la cuisine, était un de ceux où la Charité de Giotto, très malade de son accouchement récent, ne pouvait se lever ; Françoise, n'étant plus aidée, était en retard. Quand je fus en bas, elle était en train, dans l'arrière-cuisine qui donnait sur la basse-cour, de tuer un poulet qui, par sa résistance désespérée et bien naturelle, mais accompagnée par Françoise hors d'elle, tandis qu'elle cherchait à lui fendre le cou sous l'oreille, des cris de « sale bête ! sale bête ! », mettait la sainte douceur et l'onction [1] de notre servante un peu moins en lumière qu'il n'eût fait, au dîner du lendemain, par sa peau brodée d'or comme une chasuble [2] et son jus précieux égoutté d'un ciboire [3]. Quand il fut mort, Françoise recueillit le sang qui coulait sans noyer sa rancune, eut encore un sursaut de colère, et regardant le cadavre de son ennemi, dit une dernière fois : « Sale bête ! » Je remontai tout tremblant ; j'aurais voulu qu'on mît Françoise tout de suite à la porte. Mais qui m'eût fait des boules [4] aussi chaudes, du café aussi parfumé, et même… ces poulets ?… Et en réalité, ce lâche calcul, tout le monde avait eu à le faire comme moi. Car ma tante Léonie savait – ce que j'ignorais encore – que Françoise qui, pour sa fille, pour ses neveux, aurait donné sa vie sans une plainte, était pour d'autres êtres d'une dureté singulière. Malgré cela ma tante l'avait gardée, car si elle connaissait sa cruauté, elle appréciait son service. Je m'aperçus peu à peu que la douceur, la componction [5], les vertus de Françoise cachaient des tragédies d'arrière-cuisine, comme l'histoire découvre que le règne des Rois et des Reines, qui sont représentés les mains jointes dans

---

1. *Onction* : douceur qui dénote de la piété.
2. *Chasuble* : vêtement porté par le prêtre pour célébrer la messe.
3. *Ciboire* : vase sacré dans lequel on garde les hosties consacrées.
4. *Boules* : miches de pain rondes.
5. *Componction* : repentir (terme religieux).

1200 les vitraux des églises, fut marqué d'incidents sanglants. Je me
rendis compte que, en dehors de ceux de sa parenté, les humains
excitaient d'autant plus sa pitié par leurs malheurs, qu'ils vivaient
plus éloignés d'elle. Les torrents de larmes qu'elle versait en lisant
le journal sur les infortunes des inconnus se tarissaient vite si elle
1205 pouvait se représenter la personne qui en était l'objet d'une façon
un peu précise. Une de ces nuits qui suivirent l'accouchement de
la fille de cuisine, celle-ci fut prise d'atroces coliques[1] ; maman
l'entendit se plaindre, se leva et réveilla Françoise qui, insensible,
déclara que tous ces cris étaient une comédie, qu'elle voulait
1210 « faire la maîtresse ». Le médecin, qui craignait ces crises, avait
mis un signet, dans un livre de médecine que nous avions, à la
page où elles sont décrites et où il nous avait dit de nous reporter
pour trouver l'indication des premiers soins à donner. Ma mère
envoya Françoise chercher le livre en lui recommandant de ne pas
1215 laisser tomber le signet. Au bout d'une heure, Françoise n'était
pas revenue ; ma mère indignée crut qu'elle s'était recouchée et
me dit d'aller voir moi-même dans la bibliothèque. J'y trouvai
Françoise qui, ayant voulu regarder ce que le signet marquait,
lisait la description clinique de la crise et poussait des sanglots
1220 maintenant qu'il s'agissait d'une malade-type qu'elle ne connaissait pas. À chaque symptôme douloureux mentionné par l'auteur
du traité, elle s'écriait : « Hé là ! Sainte Vierge, est-il possible que le
bon Dieu veuille faire souffrir ainsi une malheureuse créature
humaine ? Hé ! la pauvre ! »

1225   Mais dès que je l'eus appelée et qu'elle fut revenue près du lit
de la Charité de Giotto, ses larmes cessèrent aussitôt de couler ;
elle ne put reconnaître ni cette agréable sensation de pitié et
d'attendrissement qu'elle connaissait bien et que la lecture des
journaux lui avait souvent donnée, ni aucun plaisir de même
1230 famille, dans l'ennui et dans l'irritation de s'être levée au milieu
de la nuit pour la fille de cuisine, et à la vue des mêmes souffrances

---

1. Coliques : violentes douleurs abdominales.

dont la description l'avait fait pleurer, elle n'eut plus que des ronchonnements de mauvaise humeur, même d'affreux sarcasmes[1], disant, quand elle crut que nous étions partis et ne pouvions plus l'entendre : « Elle n'avait qu'à ne pas faire ce qu'il faut pour ça ! ça lui a fait plaisir ! qu'elle ne fasse pas de manières maintenant. Faut-il tout de même qu'un garçon ait été abandonné du bon Dieu pour aller avec *ça*. Ah ! c'est bien comme on disait dans le patois de ma pauvre mère :

> *Qui du cul d'un chien s'amourose,*
> *Il lui paraît une rose.* »

Si, quand son petit-fils était un peu enrhumé du cerveau, elle partait la nuit, même malade, au lieu de se coucher, pour voir s'il n'avait besoin de rien, faisant quatre lieues[2] à pied avant le jour afin d'être rentrée pour son travail, en revanche ce même amour des siens et son désir d'assurer la grandeur future de sa maison se traduisait dans sa politique à l'égard des autres domestiques par une maxime[3] constante qui fut de n'en jamais laisser un seul s'implanter chez ma tante, qu'elle mettait d'ailleurs une sorte d'orgueil à ne laisser approcher par personne, préférant, quand elle-même était malade, se relever pour lui donner son eau de Vichy[4] plutôt que de permettre l'accès de la chambre de sa maîtresse à la fille de cuisine. Et comme cet hyménoptère[5] observé par Fabre[6], la guêpe fouisseuse, qui pour que ses petits après sa mort aient de la viande fraîche à manger, appelle l'anatomie au secours de sa cruauté et, ayant capturé des charançons[7] et des araignées,

---

1. *Sarcasmes* : moqueries méchantes.

2. *Lieues* : la lieue est une ancienne mesure de distance correspondant environ à 4 km.

3. *Maxime* : ici, au sens de principe.

4. *Eau de Vichy* : voir la note 12, p. 74.

5. *Hyménoptère* : insecte caractérisé par la présence de quatre ailes transparentes membraneuses (abeilles, fourmis…).

6. *Fabre* : Jean Henri Fabre, entomologiste français (1823-1915).

7. *Charançons* : insectes coléoptères.

leur perce avec un savoir et une adresse merveilleux le centre nerveux d'où dépend le mouvement des pattes, mais non les autres fonctions de la vie, de façon que l'insecte paralysé près duquel elle dépose ses œufs, fournisse aux larves quand elles écloront un gibier docile, inoffensif, incapable de fuite ou de résistance, mais nullement faisandé [1], Françoise trouvait pour servir sa volonté permanente de rendre la maison intenable à tout domestique, des ruses si savantes et si impitoyables que, bien des années plus tard, nous apprîmes que si cet été-là nous avions mangé presque tous les jours des asperges, c'était parce que leur odeur donnait à la pauvre fille de cuisine chargée de les éplucher des crises d'asthme [2] d'une telle violence qu'elle fut obligée de finir par s'en aller.

Hélas ! nous devions définitivement changer d'opinion sur Legrandin. Un des dimanches qui suivit la rencontre sur le Pont-Vieux après laquelle mon père avait dû confesser son erreur, comme la messe finissait et qu'avec le soleil et le bruit du dehors quelque chose de si peu sacré entrait dans l'église que Mme Goupil, Mme Percepied (toutes les personnes qui tout à l'heure, à mon arrivée un peu en retard, étaient restées les yeux absorbés dans leur prière et que j'aurais même pu croire ne m'avoir pas vu entrer si, en même temps, leurs pieds n'avaient repoussé légèrement le petit banc qui m'empêchait de gagner ma chaise), commençaient à s'entretenir avec nous à haute voix de sujets tout temporels comme si nous étions déjà sur la place, nous vîmes sur le seuil brûlant du porche, dominant le tumulte bariolé du marché, Legrandin, que le mari de cette dame avec qui nous l'avions dernièrement rencontré, était en train de présenter à la femme d'un autre gros propriétaire terrien des environs. La figure de Legrandin exprimait une animation, un zèle extraordinaires ; il fit un profond salut avec un renversement secondaire en arrière, qui ramena brusquement son dos au-delà de la position

---

1. *Faisandé* : se dit d'une viande qui commence à pourrir, qui est avariée.
2. *Asthme* : maladie pulmonaire provoquant une gêne respiratoire.

de départ et qu'avait dû lui apprendre le mari de sa sœur, Mme de Cambremer. Ce redressement rapide fit refluer en une sorte d'onde fougueuse et musclée la croupe[1] de Legrandin que je ne supposais pas si charnue[2] ; et je ne sais pourquoi cette ondulation de pure matière, ce flot tout charnel, sans expression de spiritualité et qu'un empressement plein de bassesse fouettait en tempête, éveillèrent tout d'un coup dans mon esprit la possibilité d'un Legrandin tout différent de celui que nous connaissions. Cette dame le pria de dire quelque chose à son cocher, et tandis qu'il allait jusqu'à la voiture, l'empreinte de joie timide et dévouée que la présentation avait marquée sur son visage y persistait encore. Ravi dans une sorte de rêve, il souriait, puis il revint vers la dame en se hâtant et, comme il marchait plus vite qu'il n'en avait l'habitude, ses deux épaules oscillaient de droite et de gauche ridiculement, et il avait l'air tant il s'y abandonnait entièrement en n'ayant plus souci du reste, d'être le jouet inerte et mécanique du bonheur. Cependant, nous sortions du porche, nous allions passer à côté de lui, il était trop bien élevé pour détourner la tête, mais il fixa de son regard soudain chargé d'une rêverie profonde un point si éloigné de l'horizon qu'il ne put nous voir et n'eut pas à nous saluer. Son visage restait ingénu[3] au-dessus d'un veston souple et droit qui avait l'air de se sentir fourvoyé[4] malgré lui au milieu d'un luxe détesté. Et une lavallière[5] à pois qu'agitait le vent de la Place continuait à flotter sur Legrandin comme l'étendard de son fier isolement et de sa noble indépendance. Au moment où nous arrivions à la maison, maman s'aperçut qu'on avait oublié le saint-honoré[6] et demanda à mon père de retourner avec moi sur nos pas dire

---

1. *La croupe* : le derrière, les fesses.
2. *Charnue* : bien fournie en chair.
3. *Ingénu* : voir la note 4, p. 103.
4. *Fourvoyé* : perdu, égaré.
5. *Lavallière* : sorte de cravate large et souple.
6. *Saint-honoré* : gâteau fait de petits choux et de crème Chantilly.

qu'on l'apportât tout de suite. Nous croisâmes près de l'église Legrandin qui venait en sens inverse conduisant la même dame à sa voiture. Il passa contre nous, ne s'interrompit pas de parler à sa voisine et nous fit du coin de son œil bleu un petit signe en quelque sorte intérieur aux paupières et qui, n'intéressant pas les muscles de son visage, put passer parfaitement inaperçu de son interlocutrice; mais, cherchant à compenser par l'intensité du sentiment le champ un peu étroit où il en circonscrivait[1] l'expression, dans ce coin d'azur qui nous était affecté[2] il fit pétiller tout l'entrain de la bonne grâce qui dépassa l'enjouement[3], frisa la malice; il subtilisa les finesses de l'amabilité jusqu'aux clignements de la connivence[4], aux demi-mots, aux sous-entendus, aux mystères de la complicité; et finalement exalta les assurances d'amitié jusqu'aux protestations de tendresse, jusqu'à la déclaration d'amour, illuminant alors pour nous seuls d'une langueur secrète et invisible à la châtelaine, une prunelle énamourée[5] dans un visage de glace.

Il avait précisément demandé la veille à mes parents de m'envoyer dîner ce soir-là avec lui: «Venez tenir compagnie à votre vieil ami, m'avait-il dit.» [...]

On se demandait à la maison si on devait m'envoyer tout de même dîner avec M. Legrandin. Mais ma grand-mère refusa de croire qu'il eût été impoli. «Vous reconnaissez vous-même qu'il vient là avec sa tenue toute simple qui n'est guère celle d'un mondain[6].» Elle déclarait qu'en tous cas, et à tout mettre au pis[7], s'il l'avait été, mieux valait ne pas avoir l'air de s'en être aperçu. À vrai dire mon père lui-même, qui était pourtant le plus

---

1. *Il en circonscrivait*: il en limitait.
2. *Affecté*: attribué, destiné.
3. *Enjouement*: gaieté.
4. *Connivence*: complicité.
5. *Énamourée*: amoureuse.
6. *Mondain*: qui aime les mondanités, sort beaucoup dans la haute société.
7. *À tout mettre au pis*: dans le pire des cas.

irrité contre l'attitude qu'avait eue Legrandin, gardait peut-être un dernier doute sur le sens qu'elle comportait. Elle était comme toute attitude ou action où se révèle le caractère profond et caché de quelqu'un : elle ne se relie pas à ses paroles antérieures, nous ne pouvons pas la faire confirmer par le témoignage du coupable qui n'avouera pas ; nous en sommes réduits à celui de nos sens dont nous nous demandons, devant ce souvenir isolé et incohérent, s'ils n'ont pas été le jouet d'une illusion ; de sorte que de telles attitudes, les seules qui aient de l'importance, nous laissent souvent quelques doutes.

Je dînai avec Legrandin sur sa terrasse ; il faisait clair de lune : « Il y a une jolie qualité de silence, n'est-ce pas, me dit-il ; aux cœurs blessés comme l'est le mien, un romancier que vous lirez plus tard prétend que conviennent seulement l'ombre et le silence. Et voyez-vous, mon enfant, il vient dans la vie une heure dont vous êtes bien loin encore où les yeux las ne tolèrent plus qu'une lumière, celle qu'une belle nuit comme celle-ci prépare et distille avec l'obscurité, où les oreilles ne peuvent plus écouter de musique que celle que joue le clair de lune sur la flûte du silence. » J'écoutais les paroles de M. Legrandin qui me paraissaient toujours si agréables ; mais troublé par le souvenir d'une femme que j'avais aperçue dernièrement pour la première fois, et pensant, maintenant que je savais que Legrandin était lié avec plusieurs personnalités aristocratiques des environs, que peut-être il connaissait celle-ci, prenant mon courage, je lui dis : « Est-ce que vous connaissez, Monsieur, la... les châtelaines de Guermantes », heureux aussi en prononçant ce nom de prendre sur lui une sorte de pouvoir, par le seul fait de le tirer de mon rêve et de lui donner une existence objective et sonore.

Mais à ce nom de Guermantes, je vis au milieu des yeux bleus de notre ami se ficher une petite encoche brune comme s'ils venaient d'être percés par une pointe invisible, tandis que le reste de la prunelle réagissait en sécrétant [1] des flots d'azur. Le cerne de

---

1. *En sécrétant* : (au figuré) en laissant couler lentement.

1375 sa paupière noircit, s'abaissa. Et sa bouche marquée d'un pli amer
se ressaisissant plus vite sourit, tandis que le regard restait douloureux, comme celui d'un beau martyr dont le corps est hérissé
de flèches[1] : «Non, je ne les connais pas», dit-il, mais au lieu de
donner à un renseignement aussi simple, à une réponse aussi peu
1380 surprenante le ton naturel et courant qui convenait, il le débita en
appuyant sur les mots, en s'inclinant, en saluant de la tête, à la
fois avec l'insistance qu'on apporte, pour être cru, à une affirma-
tion invraisemblable – comme si ce fait qu'il ne connût pas les
Guermantes ne pouvait être l'effet que d'un hasard singulier – et
1385 aussi avec l'emphase[2] de quelqu'un qui, ne pouvant pas taire une
situation qui lui est pénible, préfère la proclamer pour donner aux
autres l'idée que l'aveu qu'il fait ne lui cause aucun embarras, est
facile, agréable, spontané, que la situation elle-même – l'absence
de relations avec les Guermantes – pourrait bien avoir été non pas
1390 subie, mais voulue par lui, résulter de quelque tradition de
famille, principe de morale ou vœu mystique[3] lui interdisant
nommément[4] la fréquentation des Guermantes. «Non, reprit-il,
expliquant par ses paroles sa propre intonation, non, je ne les
connais pas, je n'ai jamais voulu, j'ai toujours tenu à sauvegarder
1395 ma pleine indépendance ; au fond je suis une tête jacobine[5], vous
le savez. Beaucoup de gens sont venus à la rescousse, on me disait
que j'avais tort de ne pas aller à Guermantes, que je me donnais
l'air d'un malotru[6], d'un vieil ours. Mais voilà une réputation qui
n'est pas pour m'effrayer, elle est si vraie ! Au fond, je n'aime plus
1400 au monde que quelques églises, deux ou trois livres, à peine

---

1. Allusion au martyr chrétien saint Sébastien (IIIe siècle), représenté dans la
tradition iconographique avec le corps percé de flèches.
2. *Emphase* : exagération dans le ton du discours.
3. *Vœu mystique* : promesse faite dans un cadre religieux, et donc sacrée.
4. *Nommément* : en nommant avec précision, spécialement.
5. *Jacobine* : on appelait Jacobins les membres d'une société révolutionnaire
installée à Paris dans l'ancien couvent des religieux jacobins. Ici, à prendre au
sens de révolutionnaire et non conformiste, intransigeant.
6. *Malotru* : personne grossière, mal élevée.

davantage de tableaux, et le clair de lune quand la brise de votre jeunesse apporte jusqu'à moi l'odeur des parterres que mes vieilles prunelles ne distinguent plus. » Je ne comprenais pas bien que pour ne pas aller chez des gens qu'on ne connaît pas, il fût
1405 nécessaire de tenir à son indépendance, et en quoi cela pouvait vous donner l'air d'un sauvage ou d'un ours. Mais ce que je comprenais c'est que Legrandin n'était pas tout à fait véridique [1] quand il disait n'aimer que les églises, le clair de lune et la jeunesse ; il aimait beaucoup les gens des châteaux et se trouvait pris
1410 devant eux d'une si grande peur de leur déplaire qu'il n'osait pas leur laisser voir qu'il avait pour amis des bourgeois, des fils de notaires ou d'agents de change, préférant, si la vérité devait se découvrir, que ce fût en son absence, loin de lui et « par défaut » ; il était snob [2]. [...]
1415 Maintenant, à la maison, on n'avait plus aucune illusion sur M. Legrandin et nos relations avec lui s'étaient fort espacées. Maman s'amusait infiniment chaque fois qu'elle prenait Legrandin en flagrant délit du péché qu'il n'avouait pas, qu'il continuait à appeler le péché sans rémission, le snobisme. [...]

1420 Nous rentrions toujours de bonne heure de nos promenades pour pouvoir faire une visite à ma tante Léonie avant le dîner. Au commencement de la saison où le jour finit tôt, quand nous arrivions rue du Saint-Esprit, il y avait encore un reflet du couchant sur les vitres de la maison et un bandeau de pourpre [3] au fond des bois
1425 du Calvaire qui se reflétait plus loin dans l'étang, rougeur qui, accompagnée souvent d'un froid assez vif, s'associait, dans mon esprit, à la rougeur du feu au-dessus duquel rôtissait le poulet qui ferait succéder pour moi au plaisir poétique donné par la

---

1. *Véridique* : honnête.
2. *Snob* : personne qui veut être assimilée aux milieux élégants et en vue en les imitant et laissant entendre qu'elle en fait partie.
3. *Pourpre* : voir la note 1, p. 72.

promenade, le plaisir de la gourmandise, de la chaleur et du repos.
1430 Dans l'été au contraire, quand nous rentrions, le soleil ne se couchait pas encore ; et pendant la visite que nous faisions chez ma tante Léonie, sa lumière qui s'abaissait et touchait la fenêtre était arrêtée entre les grands rideaux et les embrasses [1], divisée, ramifiée, filtrée, et incrustant de petits morceaux d'or le bois de citron-
1435 nier de la commode, illuminait obliquement la chambre avec la délicatesse qu'elle prend dans les sous-bois. Mais certains jours fort rares, quand nous rentrions, il y avait bien longtemps que la commode avait perdu ses incrustations momentanées, il n'y avait plus quand nous arrivions rue du Saint-Esprit nul reflet de cou-
1440 chant étendu sur les vitres, et l'étang au pied du calvaire [2] avait perdu sa rougeur, quelquefois il était déjà couleur d'opale [3] et un long rayon de lune qui allait en s'élargissant et se fendillait de toutes les rides de l'eau le traversait tout entier. Alors, en arrivant près de la maison, nous apercevions une forme sur le pas de la
1445 porte et maman me disait :

« Mon Dieu ! voilà Françoise qui nous guette, ta tante est inquiète ; aussi nous rentrons trop tard. »

Et sans avoir pris le temps d'enlever nos affaires, nous montions vite chez ma tante Léonie pour la rassurer et lui montrer que, contrai-
1450 rement à ce qu'elle imaginait déjà, il ne nous était rien arrivé, mais que nous étions allés « du côté de Guermantes » et, dame [4], quand on faisait cette promenade-là, ma tante savait pourtant bien qu'on ne pouvait jamais être sûr de l'heure à laquelle on serait rentré.

« Là, Françoise, disait ma tante, quand je vous le disais, qu'ils
1455 seraient allés du côté de Guermantes ! Mon Dieu ! ils doivent avoir une faim ! et votre gigot qui doit être tout desséché après ce qu'il a attendu. Aussi est-ce une heure pour rentrer ! comment, vous êtes allés du côté de Guermantes !

---

1. *Embrasses* : cordelières servant à retenir les rideaux.
2. *Calvaire* : voir la note 1, p. 102.
3. *Opale* : pierre précieuse translucide et blanchâtre.
4. *Dame* : exclamation qui introduit une explication.

– Mais je croyais que vous le saviez, Léonie, disait maman. Je
pensais que Françoise nous avait vus sortir par la petite porte du
potager.»

Car il y avait autour de Combray deux «côtés» pour les promenades, et si opposés qu'on ne sortait pas en effet de chez nous par
la même porte, quand on voulait aller d'un côté ou de l'autre : le
côté de Méséglise-la-Vineuse, qu'on appelait aussi le côté de chez
Swann parce qu'on passait devant la propriété de M. Swann pour
aller par là, et le côté de Guermantes. De Méséglise-la-Vineuse, à
vrai dire, je n'ai jamais connu que le «côté» et des gens étrangers
qui venaient le dimanche se promener à Combray, des gens que,
cette fois, ma tante elle-même et nous tous ne «connaissions
point» et qu'à ce signe on tenait pour «des gens qui seront venus
de Méséglise». Quant à Guermantes je devais un jour en connaître
davantage, mais bien plus tard seulement ; et pendant toute mon
adolescence, si Méséglise était pour moi quelque chose d'inacces-
sible comme l'horizon, dérobé à la vue, si loin qu'on allât, par les
plis d'un terrain qui ne ressemblait déjà plus à celui de Combray,
Guermantes lui ne m'est apparu que comme le terme plutôt idéal
que réel de son propre «côté», une sorte d'expression géogra-
phique abstraite comme la ligne de l'équateur, comme le pôle,
comme l'orient. Alors, «prendre par Guermantes» pour aller à
Méséglise, ou le contraire, m'eût semblé une expression aussi
dénuée de sens que prendre par l'est pour aller à l'ouest. Comme
mon père parlait toujours du côté de Méséglise comme de la plus
belle vue de plaine qu'il connût et du côté de Guermantes comme
du type de paysage de rivière, je leur donnais, en les concevant
ainsi comme deux entités [1], cette cohésion, cette unité qui n'appartiennent qu'aux créations de notre esprit ; la moindre parcelle de
chacun d'eux me semblait précieuse et manifester leur excellence
particulière, tandis qu'à côté d'eux, avant qu'on fût arrivé sur le
sol sacré de l'un ou de l'autre, les chemins purement matériels au

---

1. *Entités* : objets formant un tout unique.

milieu desquels ils étaient posés comme l'idéal de la vue de plaine et l'idéal du paysage de rivière, ne valaient pas plus la peine d'être regardés que par le spectateur épris d'art dramatique, les petites rues qui avoisinent un théâtre. Mais surtout je mettais entre eux,
1495 bien plus que leurs distances kilométriques la distance qu'il y avait entre les deux parties de mon cerveau où je pensais à eux, une de ces distances dans l'esprit qui ne font pas qu'éloigner, qui séparent et mettent dans un autre plan. Et cette démarcation [1] était rendue plus absolue encore parce que cette habitude que nous avions de
1500 n'aller jamais vers les deux côtés un même jour, dans une seule promenade, mais une fois du côté de Méséglise, une fois du côté de Guermantes, les enfermait pour ainsi dire loin l'un de l'autre, inconnaissables l'un à l'autre, dans les vases clos et sans communication entre eux, d'après-midi différents. […]
1505   Un jour, mon grand-père dit à mon père :

« Vous rappelez-vous que Swann a dit hier que comme sa femme et sa fille partaient pour Reims, il en profiterait pour aller passer vingt-quatre heures à Paris ? Nous pourrions longer le parc, puisque ces dames ne sont pas là, cela nous abrégerait d'autant. »

1510   Nous nous arrêtâmes un moment devant la barrière. Le temps des lilas approchait de sa fin ; quelques-uns effusaient [2] encore en hauts lustres mauves les bulles délicates de leurs fleurs, mais dans bien des parties du feuillage où déferlait, il y avait seulement une semaine, leur mousse embaumée, se flétrissait, diminuée et noir-
1515 cie, une écume creuse, sèche et sans parfum. Mon grand-père montrait à mon père en quoi l'aspect des lieux était resté le même, et en quoi il avait changé, depuis la promenade qu'il avait faite avec M. Swann le jour de la mort de sa femme, et il saisit cette occasion pour raconter cette promenade une fois de plus.
1520   Devant nous, une allée bordée de capucines montait en plein soleil vers le château. À droite, au contraire, le parc s'étendait en

---

1. *Démarcation* : voir la note 1 p. 71.
2. *Effusaient* : répandaient (néologisme).

terrain plat. Obscurcie par l'ombre des grands arbres qui l'entouraient, une pièce d'eau avait été creusée par les parents de Swann ; mais dans ses créations les plus factices [1], c'est sur la nature que l'homme travaille ; certains lieux font toujours régner autour d'eux leur empire [2] particulier, arborent [3] leurs insignes immémoriaux [4] au milieu d'un parc comme ils auraient fait loin de toute intervention humaine, dans une solitude qui revient partout les entourer, surgie des nécessités de leur exposition et superposée à l'œuvre humaine. C'est ainsi qu'au pied de l'allée qui dominait l'étang artificiel, s'était composée sur deux rangs, tressés de fleurs de myosotis et de pervenches, la couronne naturelle, délicate et bleue qui ceint le front clair-obscur des eaux, et que le glaïeul, laissant fléchir ses glaives [5] avec un abandon royal, étendait sur l'eupatoire [6] et la grenouillette [7] au pied mouillé, les fleurs de lis en lambeaux, violettes et jaunes, de son sceptre [8] lacustre [9].

Le départ de Mlle Swann qui – en m'ôtant la chance terrible de la voir apparaître dans une allée, d'être connu et méprisé par la petite fille privilégiée qui avait Bergotte [10] pour ami et allait avec lui visiter des cathédrales – me rendait la contemplation de Tansonville indifférente la première fois où elle m'était permise, semblait au contraire ajouter à cette propriété, aux yeux de mon grand-père et de mon père, des commodités, un agrément passager, et, comme fait, pour une excursion en pays de montagnes, l'absence de tout nuage, rendre cette journée exceptionnellement propice [11] à une

---

1. *Factices* : voir la note 1, p. 40.
2. *Empire* : pouvoir (de fascination et d'attraction).
3. *Arborent* : affichent, montrent.
4. *Immémoriaux* : si anciens que leur origine n'est plus dans les mémoires.
5. *Glaives* : épées.
6. *Eupatoire* : plante qui vit au bord de l'eau.
7. *Grenouillette* : plante aquatique.
8. *Sceptre* : bâton de commandement, symbole de la royauté.
9. *Lacustre* : relatif aux lacs, qui se trouve au bord d'un lac ou d'un point d'eau.
10. *Bergotte* : voir la note 3, p. 89.
11. *Propice* : voir la note 4, p. 46.

promenade de ce côté ; j'aurais voulu que leurs calculs fussent déjoués, qu'un miracle fît apparaître Mlle Swann avec son père, si près de nous, que nous n'aurions pas le temps de l'éviter et serions obligés de faire sa connaissance. Aussi, quand tout d'un coup, j'aperçus sur l'herbe, comme un signe de sa présence possible, un couffin[1] oublié à côté d'une ligne dont le bouchon[2] flottait sur l'eau, je m'empressai de détourner d'un autre côté, les regards de mon père et de mon grand-père. D'ailleurs Swann nous ayant dit que c'était mal à lui de s'absenter, car il avait pour le moment de la famille à demeure, la ligne pouvait appartenir à quelque invité. On n'entendait aucun bruit de pas dans les allées. Divisant la hauteur d'un arbre incertain, un invisible oiseau s'ingéniant à faire trouver la journée courte, explorait d'une note prolongée, la solitude environnante, mais il recevait d'elle une réplique si unanime, un choc en retour si redoublé de silence et d'immobilité qu'on aurait dit qu'il venait d'arrêter pour toujours l'instant qu'il avait cherché à faire passer plus vite. La lumière tombait si implacable du ciel devenu fixe que l'on aurait voulu se soustraire à son attention, et l'eau dormante elle-même, dont des insectes irritaient perpétuellement le sommeil, rêvant sans doute de quelque Maelstrom[3] imaginaire, augmentait le trouble où m'avait jeté la vue du flotteur de liège en semblant l'entraîner à toute vitesse sur les étendues silencieuses du ciel reflété ; presque vertical il paraissait prêt à plonger et déjà je me demandais, si, sans tenir compte du désir et de la crainte que j'avais de la connaître, je n'avais pas le devoir de faire prévenir Mlle Swann que le poisson mordait – quand il me fallut rejoindre en courant mon père et mon grand-père qui m'appelaient, étonnés que je ne les eusse pas suivis dans le petit chemin qui monte vers les champs et où ils s'étaient engagés. Je le trouvai tout bourdonnant de l'odeur des aubépines[4]. [...]

---

1. *Couffin* : panier, corbeille.
2. *Bouchon* : flotteur.
3. *Maelstrom* : tourbillon produit par des courants de marée en Norvège.
4. *Aubépines* : voir la note 1, p. 100.

La haie laissait voir à l'intérieur du parc une allée bordée de jasmins, de pensées et de verveines entre lesquelles des giroflées ouvraient leur bourse fraîche, du rose odorant et passé d'un cuir ancien de Cordoue [1] tandis que sur le gravier un long tuyau d'arro-
1580 sage peint en vert, déroulant ses circuits, dressait aux points où il était percé au-dessus des fleurs dont il imbibait les parfums, l'éven-tail vertical et prismatique [2] de ses gouttelettes multicolores. Tout à coup, je m'arrêtai, je ne pus plus bouger, comme il arrive quand une vision ne s'adresse pas seulement à nos regards, mais requiert
1585 des perceptions plus profondes et dispose de notre être tout entier. Une fillette d'un blond roux qui avait l'air de rentrer de promenade et tenait à la main une bêche de jardinage, nous regardait, levant son visage semé de taches roses. Ses yeux noirs brillaient et comme je ne savais pas alors, ni ne l'ai appris depuis, réduire en ses élé-
1590 ments objectifs une impression forte, comme je n'avais pas, ainsi qu'on dit, assez «d'esprit d'observation» pour dégager la notion de leur couleur, pendant longtemps, chaque fois que je repensai à elle, le souvenir de leur éclat se présentait aussitôt à moi comme celui d'un vif azur, puisqu'elle était blonde : de sorte que, peut-être
1595 si elle n'avait pas eu des yeux aussi noirs – ce qui frappait tant la première fois qu'on la voyait – je n'aurais pas été, comme je le fus, plus particulièrement amoureux, en elle, de ses yeux bleus.

Je la regardais, d'abord de ce regard qui n'est pas que le porte-parole des yeux, mais à la fenêtre duquel se penchent tous
1600 les sens, anxieux et pétrifiés, le regard qui voudrait toucher, cap-turer, emmener le corps qu'il regarde et l'âme avec lui ; puis tant j'avais peur que d'une seconde à l'autre mon grand-père et mon père, apercevant cette jeune fille, me fissent éloigner en me disant de courir un peu devant eux, d'un second regard, inconsciem-
1605 ment supplicateur, qui tâchait de la forcer à faire attention à moi, à me connaître ! Elle jeta en avant et de côté ses pupilles

---

1. *Cordoue* : ville espagnole d'Andalousie.
2. *Prismatique* : jouant le rôle de prisme, décomposant la lumière.

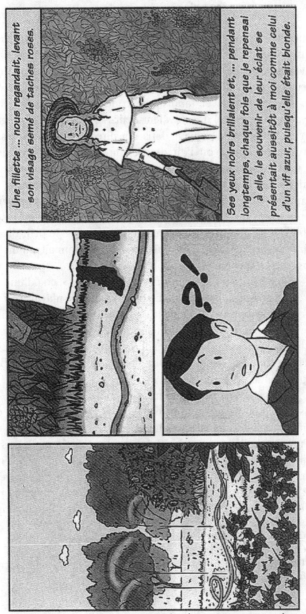

© Guy Delcourt Productions – Stéphane Heuet.

pour prendre connaissance de mon grand-père et de mon père, et sans doute l'idée qu'elle en rapporta fut celle que nous étions ridicules, car elle se détourna et d'un air indifférent et dédai-
1610 gneux, se plaça de côté pour épargner à son visage d'être dans leur champ visuel ; et tandis que continuant à marcher et ne l'ayant pas aperçue, ils m'avaient dépassé, elle laissa ses regards filer de toute leur longueur dans ma direction, sans expression particulière, sans avoir l'air de me voir, mais avec une fixité et
1615 un sourire dissimulé, que je ne pouvais interpréter d'après les notions que l'on m'avait données sur la bonne éducation, que comme une preuve d'outrageant mépris ; et sa main esquissait en même temps un geste indécent, auquel quand il était adressé en public à une personne qu'on ne connaissait pas, le petit diction-
1620 naire de civilité[1] que je portais en moi ne donnait qu'un seul sens, celui d'une intention insolente.

« Allons, Gilberte, viens ; qu'est-ce que tu fais », cria d'une voix perçante et autoritaire une dame en blanc que je n'avais pas vue, et à quelque distance de laquelle un monsieur habillé de coutil[2] et
1625 que je ne connaissais pas, fixait sur moi des yeux qui lui sortaient de la tête ; et cessant brusquement de sourire, la jeune fille prit sa bêche et s'éloigna sans se retourner de mon côté, d'un air docile, impénétrable et sournois.

Ainsi passa près de moi ce nom de Gilberte, donné comme un
1630 talisman[3] qui me permettrait peut-être de retrouver un jour celle dont il venait de faire une personne et qui, l'instant d'avant, n'était qu'une image incertaine. Ainsi passa-t-il, proféré[4] au-dessus des jasmins et des giroflées, aigre et frais comme les gouttes de l'arro-soir vert ; imprégnant, irisant la zone d'air pur qu'il avait traversée
1635 – et qu'il isolait – du mystère de la vie de celle qu'il désignait pour les êtres heureux qui vivaient, qui voyageaient avec elle ; déployant

---

1. *Civilité* : politesse, savoir-vivre.
2. *Coutil* : voir la note 8 p. 77.
3. *Talisman* : parole ou objet à fonction magique ou porte-bonheur.
4. *Proféré* : prononcé.

sous l'épinier [1] rose, à hauteur de mon épaule, la quintessence [2] de leur familiarité, pour moi si douloureuse, avec elle, avec l'inconnu de sa vie où je n'entrerais pas. [...]

1640   Une fois dans les champs, on ne les quittait plus pendant tout le reste de la promenade qu'on faisait du côté de Méséglise. Ils étaient perpétuellement parcourus, comme par un chemineau [3] invisible, par le vent qui était pour moi le génie particulier de Combray. Chaque année, le jour de notre arrivée, pour sentir que
1645 j'étais bien à Combray, je montais le retrouver qui courait dans les sayons [4] et me faisait courir à sa suite. On avait toujours le vent à côté de soi du côté de Méséglise, sur cette plaine bombée où pendant des lieues [5] il ne rencontre aucun accident [6] de terrain. Je savais que Mlle Swann allait souvent à Laon passer quelques
1650 jours et, bien que ce fût à plusieurs lieues, la distance se trouvant compensée par l'absence de tout obstacle, quand, par les chauds après-midi, je voyais un même souffle, venu de l'extrême horizon, abaisser les blés les plus éloignés, se propager comme un flot sur toute l'immense étendue et venir se coucher, murmurant et tiède,
1655 parmi les sainfoins [7] et les trèfles, à mes pieds, cette plaine qui nous était commune à tous deux semblait nous rapprocher, nous unir, je pensais que ce souffle avait passé auprès d'elle, que c'était quelque message d'elle qu'il me chuchotait sans que je pusse le comprendre, et je l'embrassais au passage. À gauche était un vil-
1660 lage qui s'appelait Champieu (*Campus Pagani* [8], selon le curé). Sur la droite, on apercevait par-delà les blés les deux clochers ciselés et rustiques de Saint-André-des-Champs, eux-mêmes effilés,

---

1. *Épinier* : buisson d'épines.
2. *Quintessence* : extrait le plus pur et le plus concentré d'une substance ; ce qui résume l'essentiel et le meilleur de quelque chose.
3. *Chemineau* : vagabond.
4. *Sayons* : vestes de paysans.
5. *Lieues* : voir la note 2, p. 108.
6. *Accident* : irrégularité.
7. *Sainfoins* : plantes qui servent à nourrir les animaux.
8. *Campus Pagani* : « Champ païen », en latin.

écailleux, imbriqués d'alvéoles, guillochés[1], jaunissants et grumeleux[2], comme deux épis.

1665 À intervalles symétriques, au milieu de l'inimitable ornementation de leurs feuilles qu'on ne peut confondre avec la feuille d'aucun autre arbre fruitier, les pommiers ouvraient leurs larges pétales de satin blanc ou suspendaient les timides bouquets de leurs rougissants boutons. C'est du côté de Méséglise que j'ai

1670 remarqué pour la première fois l'ombre ronde que les pommiers font sur la terre ensoleillée, et aussi ces soies d'or impalpable que le couchant tisse obliquement sous les feuilles, et que je voyais mon père interrompre de sa canne sans les faire jamais dévier.

Parfois dans le ciel de l'après-midi passait la lune blanche
1675 comme une nuée[3], furtive, sans éclat, comme une actrice dont ce n'est pas l'heure de jouer et qui, de la salle, en toilette de ville, regarde un moment ses camarades, s'effaçant, ne voulant pas qu'on fasse attention à elle. J'aimais à retrouver son image dans des tableaux et dans des livres, mais ces œuvres d'art étaient bien

1680 différentes – du moins pendant les premières années, avant que Bloch eût accoutumé mes yeux et ma pensée à des harmonies plus subtiles – de celles où la lune me paraîtrait belle aujourd'hui et où je ne l'eusse pas reconnue alors. C'était, par exemple, quelque roman de Saintine[4], un paysage de Gleyre[5] où elle

1685 découpe nettement sur le ciel une faucille d'argent, de ces œuvres naïvement incomplètes comme étaient mes propres impressions et que les sœurs de ma grand-mère s'indignaient de me voir aimer. Elles pensaient qu'on doit mettre devant les enfants, et qu'ils font preuve de goût en aimant d'abord, les œuvres que,

1690 parvenu à la maturité, on admire définitivement. C'est sans doute qu'elles se figuraient les mérites esthétiques comme des objets

1. **Guillochés** : ornés de lignes et de traits croisés.
2. **Grumeleux** : voir la note 6, p. 65.
3. **Nuée** : grosse masse de vapeur d'eau ou nuage.
4. **Saintine** : romancier français (1798-1865).
5. **Gleyre** : peintre suisse (1808-1874).

matériels qu'un œil ouvert ne peut faire autrement que de percevoir, sans avoir eu besoin d'en mûrir lentement des équivalents dans son propre cœur. [...]

1695 Comme la promenade du côté de Méséglise était la moins longue des deux que nous faisions autour de Combray et qu'à cause de cela on la réservait pour les temps incertains, le climat du côté de Méséglise était assez pluvieux et nous ne perdions jamais de vue la lisière des bois de Roussainville dans l'épaisseur 1700 desquels nous pourrions nous mettre à couvert[1].

Souvent le soleil se cachait derrière une nuée qui déformait son ovale et dont il jaunissait la bordure. L'éclat, mais non la clarté, était enlevé à la campagne où toute vie semblait suspendue, tandis que le petit village de Roussainville sculptait sur le ciel le relief de 1705 ses arêtes blanches avec une précision et un fini[2] accablants. Un peu de vent faisait envoler un corbeau qui retombait dans le lointain, et, contre le ciel blanchissant, le lointain des bois paraissait plus bleu, comme peint dans ces camaïeux[3] qui décorent les trumeaux[4] des anciennes demeures.

1710 Mais d'autres fois se mettait à tomber la pluie dont nous avait menacés le capucin que l'opticien avait à sa devanture ; les gouttes d'eau, comme des oiseaux migrateurs qui prennent leur vol tous ensemble, descendaient à rangs pressés du ciel. Elles ne se séparent point, elles ne vont pas à l'aventure pendant la rapide traversée, 1715 mais chacune tenant sa place, attire à elle celle qui la suit et le ciel en est plus obscurci qu'au départ des hirondelles. Nous nous réfugiions dans le bois. Quand leur voyage semblait fini, quelques-unes, plus débiles[5], plus lentes, arrivaient encore. Mais nous ressortions de notre abri, car les gouttes se plaisent aux feuillages, et

---

1. *À couvert* : à l'abri.

2. *Fini* : voir la note 1, p. 49.

3. *Camaïeux* : peintures où l'on n'emploie que les différentes nuances d'une même couleur.

4. *Trumeaux* : pièces de menuiserie situées entre deux fenêtres.

5. *Débiles* : voir la note 3, p. 64.

1720 la terre était déjà presque séchée que plus d'une s'attardait à jouer
sur les nervures d'une feuille, et suspendue à la pointe, reposée,
brillant au soleil, tout d'un coup se laissait glisser de toute la
hauteur de la branche et nous tombait sur le nez. [...]

Quelquefois le temps était tout à fait gâté, il fallait rentrer et
1725 rester enfermé dans la maison. Çà et là au loin dans la campagne
que l'obscurité et l'humidité faisaient ressembler à la mer, des
maisons isolées, accrochées au flanc d'une colline plongée dans la
nuit et dans l'eau, brillaient comme des petits bateaux qui ont
replié leurs voiles et sont immobiles au large pour toute la nuit.
1730 Mais qu'importait la pluie, qu'importait l'orage ! L'été, le mauvais
temps n'est qu'une humeur passagère, superficielle, du beau temps
sous-jacent [1] et fixe, bien différent du beau temps instable et fluide
de l'hiver et qui, au contraire, installé sur la terre où il s'est solidifié
en denses feuillages sur lesquels la pluie peut s'égoutter sans
1735 compromettre la résistance de leur permanente joie, a hissé pour
toute la saison, jusque dans les rues du village, aux murs des
maisons et des jardins, ses pavillons de soie violette ou blanche.
Assis dans le petit salon, où j'attendais l'heure du dîner en lisant,
j'entendais l'eau dégoutter [2] de nos marronniers, mais je savais
1740 que l'averse ne faisait que vernir leurs feuilles et qu'ils promet-
taient de demeurer là, comme des gages [3] de l'été, toute la nuit
pluvieuse, à assurer la continuité du beau temps ; qu'il avait beau
pleuvoir, demain, au-dessus de la barrière blanche de Tansonville,
onduleraient, aussi nombreuses, de petites feuilles en forme de
1745 cœur ; et c'est sans tristesse que j'apercevais le peuplier de la rue
des Perchamps adresser à l'orage des supplications et des saluta-
tions désespérées ; c'est sans tristesse que j'entendais au fond du
jardin les derniers roulements du tonnerre roucouler dans les lilas.

Si le temps était mauvais dès le matin, mes parents renon-
1750 çaient à la promenade et je ne sortais pas. Mais je pris ensuite

---

1. *Sous-jacent* : caché mais bien présent.
2. *Dégoutter* : tomber goutte à goutte.
3. *Gages* : preuves, garanties.

l'habitude d'aller, ces jours-là, marcher seul du côté de Méséglise-la-Vineuse, dans l'automne où nous dûmes venir à Combray pour la succession de ma tante Léonie, car elle était enfin morte, faisant triompher à la fois ceux qui prétendaient que son régime affaiblis-
1755 sant finirait par la tuer, et non moins les autres qui avaient toujours soutenu qu'elle souffrait d'une maladie non pas imaginaire mais organique[1], à l'évidence de laquelle les sceptiques seraient bien obligés de se rendre quand elle y aurait succombé ; et ne causant par sa mort de grande douleur qu'à un seul être, mais à
1760 celui-là, sauvage. Pendant les quinze jours que dura la dernière maladie de ma tante, Françoise ne la quitta pas un instant, ne se déshabilla pas, ne laissa personne lui donner aucun soin, et ne quitta son corps que quand il fut enterré. Alors nous comprîmes que cette sorte de crainte où Françoise avait vécu des mauvaises
1765 paroles, des soupçons, des colères de ma tante avait développé chez elle un sentiment que nous avions pris pour de la haine et qui était de la vénération[2] et de l'amour. Sa véritable maîtresse, aux décisions impossibles à prévoir, aux ruses difficiles à déjouer, au bon cœur facile à fléchir, sa souveraine, son mystérieux et tout-
1770 puissant monarque n'était plus. À côté d'elle nous comptions pour bien peu de chose. […]

Mes promenades de cet automne-là furent d'autant plus agréables que je les faisais après de longues heures passées sur un livre. Quand j'étais fatigué d'avoir lu toute la matinée dans la
1775 salle, jetant mon plaid[3] sur mes épaules, je sortais : mon corps obligé depuis longtemps de garder l'immobilité, mais qui s'était chargé sur place d'animation et de vitesse accumulées, avait besoin ensuite, comme une toupie qu'on lâche, de les dépenser dans toutes les directions. Les murs des maisons, la haie de
1780 Tansonville, les arbres du bois de Roussainville, les buissons auxquels s'adosse Montjouvain, recevaient des coups de parapluie ou

---

1. *Organique* : liée aux organes, donc réelle.
2. *Vénération* : adoration respectueuse.
3. *Plaid* : couverture.

de canne, entendaient des cris joyeux, qui n'étaient, les uns et les autres, que des idées confuses qui m'exaltaient et qui n'ont pas atteint le repos dans la lumière, pour avoir préféré à un lent et difficile éclaircissement, le plaisir d'une dérivation plus aisée vers une issue immédiate. La plupart des prétendues traductions de ce que nous avons ressenti ne font ainsi que nous en débarrasser en le faisant sortir de nous sous une forme indistincte qui ne nous apprend pas à le connaître. Quand j'essaye de faire le compte de ce que je dois au côté de Méséglise, des humbles découvertes dont il fut le cadre fortuit[1] ou le nécessaire inspirateur, je me rappelle que c'est, cet automne-là, dans une de ces promenades, près du talus broussailleux qui protège Montjouvain, que je fus frappé pour la première fois de ce désaccord entre nos impressions et leur expression habituelle. Après une heure de pluie et de vent contre lesquels j'avais lutté avec allégresse, comme j'arrivais au bord de la mare de Montjouvain, devant une petite cahute[2] recouverte en tuiles où le jardinier de M. Vinteuil serrait[3] ses instruments de jardinage, le soleil venait de reparaître, et ses dorures lavées par l'averse reluisaient à neuf dans le ciel, sur les arbres, sur le mur de la cahute, sur son toit de tuiles encore mouillé, à la crête duquel se promenait une poule. Le vent qui soufflait tirait horizontalement les herbes folles qui avaient poussé dans la paroi du mur, et les plumes de duvet de la poule, qui, les unes et les autres se laissaient filer au gré de son souffle jusqu'à l'extrémité de leur longueur, avec l'abandon de choses inertes et légères. Le toit de tuiles faisait dans la mare, que le soleil rendait de nouveau réfléchissante, une marbrure[4] rose, à laquelle je n'avais encore jamais fait attention. Et voyant sur l'eau et à la face du mur un pâle sourire répondre au sourire du ciel, je m'écriai dans mon enthousiasme en brandissant mon parapluie refermé : «Zut, zut, zut,

---

1. *Fortuit* : dû au hasard.
2. *Cahute* : petite cabane.
3. *Serrait* : rangeait.
4. *Marbrure* : surface à l'apparence du marbre.

zut. » Mais en même temps je sentis que mon devoir eût été de ne pas m'en tenir à ces mots opaques et de tâcher de voir plus clair dans mon ravissement. [...]

Parfois à l'exaltation que me donnait la solitude, s'en ajoutait une autre que je ne savais pas en départager nettement, causée par le désir de voir surgir devant moi une paysanne, que je pourrais serrer dans mes bras. Né brusquement, et sans que j'eusse eu le temps de le rapporter exactement à sa cause, au milieu de pensées très différentes, le plaisir dont il était accompagné ne me semblait qu'un degré supérieur de celui qu'elles me donnaient. Je faisais un mérite de plus à tout ce qui était à ce moment-là dans mon esprit, au reflet rose du toit de tuile, aux herbes folles, au village de Roussainville où je désirais depuis longtemps aller, aux arbres de son bois, au clocher de son église, de cet émoi nouveau qui me les faisait seulement paraître plus désirables parce que je croyais que c'était eux qui le provoquaient, et qui semblait ne vouloir que me porter vers eux plus rapidement quand il enflait ma voile d'une brise puissante, inconnue et propice. Mais si ce désir qu'une femme apparût ajoutait pour moi aux charmes de la nature quelque chose de plus exaltant, les charmes de la nature, en retour, élargissaient ce que celui de la femme aurait eu de trop restreint. Il me semblait que la beauté des arbres c'était encore la sienne et que l'âme de ces horizons, du village de Roussainville, des livres que je lisais cette année-là, son baiser me la livrerait ; et mon imagination reprenant des forces au contact de ma sensualité, ma sensualité se répandant dans tous les domaines de mon imagination, mon désir n'avait plus de limites. C'est qu'aussi – comme il arrive dans ces moments de rêverie au milieu de la nature où l'action de l'habitude étant suspendue, nos notions abstraites des choses mises de côté, nous croyons d'une foi profonde, à l'originalité, à la vie individuelle du lieu où nous nous trouvons – la passante qu'appelait mon désir me semblait être non un exemplaire quelconque de ce type général : la femme, mais un produit nécessaire et naturel de ce sol. Car en ce temps-là tout ce qui n'était pas moi, la terre et les êtres, me paraissait plus précieux, plus important, doué d'une existence plus réelle que cela ne paraît aux hommes faits. Et la terre et les êtres je ne les séparais pas. J'avais le désir d'une paysanne de Méséglise ou de Roussainville, d'une pêcheuse de Balbec, comme j'avais le désir de Méséglise et de Balbec. Le plaisir qu'elles pouvaient me donner m'aurait paru moins vrai, je n'aurais plus cru en lui, si j'en avais modifié à ma guise les conditions. Connaître à Paris une pêcheuse de Balbec ou une paysanne de Méséglise c'eût été recevoir des coquillages que je n'aurais pas vus sur la plage, une fougère que je n'aurais pas trouvée dans les bois, c'eût été retrancher au plaisir que la femme me donnerait tous ceux au milieu desquels l'avait enveloppée mon imagination. Mais errer ainsi dans les bois de Roussainville sans une paysanne à embrasser, c'était ne pas connaître de ces bois le trésor caché, la beauté profonde. Cette fille que je ne voyais que criblée de feuillages, elle était elle-même pour moi comme une plante locale d'une espèce plus élevée seulement que les autres et dont la structure permet d'approcher de plus près qu'en elles, la saveur profonde du pays. Je pouvais d'autant plus facilement le croire (et que les caresses par lesquelles elle m'y ferait parvenir, seraient aussi d'une sorte particulière et dont je n'aurais pas pu connaître le plaisir par une autre qu'elle), que j'étais pour longtemps encore à l'âge où l'on n'a pas encore abstrait ce plaisir de la possession des femmes différentes avec lesquelles on l'a goûté, où on ne l'a pas réduit à une notion générale qui les fait considérer dès lors comme les instruments interchangeables d'un plaisir toujours identique. Il n'existe même pas, isolé, séparé et formulé dans l'esprit, comme le but qu'on poursuit en s'approchant d'une femme, comme la cause du trouble préalable qu'on ressent. À peine y songe-t-on comme à un plaisir qu'on aura ; plutôt, on l'appelle son charme à elle ; car on ne pense pas à soi, on ne pense qu'à sortir de soi. Obscurément attendu, immanent [1] et

---

1. *Immanent* : permanent, constant.

caché, il porte seulement à un tel paroxysme[1] au moment où il s'accomplit, les autres plaisirs que nous causent les doux regards, les baisers de celle qui est auprès de nous, qu'il nous apparaît surtout à nous-même comme une sorte de transport[2] de notre reconnaissance pour la bonté de cœur de notre compagne et pour sa touchante prédilection[3] à notre égard que nous mesurons aux bienfaits, au bonheur dont elle nous comble. [...]

S'il était assez simple d'aller du côté de Méséglise, c'était une autre affaire d'aller du côté de Guermantes, car la promenade était longue et l'on voulait être sûr du temps qu'il ferait. Quand on semblait entrer dans une série de beaux jours ; quand Françoise désespérée qu'il ne tombât pas une goutte d'eau pour les « pauvres récoltes », et ne voyant que de rares nuages blancs nageant à la surface calme et bleue du ciel s'écriait en gémissant : « Ne dirait-on pas qu'on voit ni plus ni moins des chiens de mer[4] qui jouent en montrant là-haut leurs museaux. Ah ! ils pensent bien à faire pleuvoir pour les pauvres laboureurs ! Et puis quand les blés seront poussés, alors la pluie se mettra à tomber tout à petit patapon, sans discontinuer, sans plus savoir sur quoi elle tombe que si c'était sur la mer » ; quand mon père avait reçu invariablement les mêmes réponses favorables du jardinier et du baromètre, alors on disait au dîner : « Demain s'il fait le même temps, nous irons du côté de Guermantes. » On partait tout de suite après déjeuner par la petite porte du jardin et on tombait dans la rue des Perchamps, étroite et formant un angle aigu, remplie de graminées au milieu desquelles deux ou trois guêpes passaient la journée à herboriser[5], aussi bizarre que son nom d'où me semblaient dériver ses particularités curieuses et sa personnalité revêche, et qu'on

---

1. *Paroxysme* : intensité la plus forte ou degré le plus élevé.
2. *Transport* : élan affectif.
3. *Prédilection* : forte préférence.
4. *Chiens de mer* : sorte de phoques.
5. *Herboriser* : cueillir des plantes.

chercherait en vain dans le Combray d'aujourd'hui où sur son tracé ancien s'élève l'école. [...]

On passait, rue de l'Oiseau, devant la vieille hôtellerie de l'Oiseau Flesché dans la grande cour de laquelle entrèrent quelquefois au XVIIe siècle les carrosses des Duchesses de Montpensier, de Guermantes et de Montmorency quand elles avaient à venir à Combray pour quelque contestation avec leurs fermiers, pour une question d'hommage [1]. On gagnait le mail [2] entre les arbres duquel apparaissait le clocher de Saint-Hilaire. Et j'aurais voulu pouvoir m'asseoir là et rester toute la journée à lire en écoutant les cloches ; car il faisait si beau et si tranquille que, quand sonnait l'heure, on aurait dit non qu'elle rompait le calme du jour mais qu'elle le débarrassait de ce qu'il contenait et que le clocher avec l'exactitude indolente [3] et soigneuse d'une personne qui n'a rien d'autre à faire, venait seulement – pour exprimer et laisser tomber les quelques gouttes d'or que la chaleur y avait lentement et naturellement amassées – de presser, au moment voulu, la plénitude du silence.

Le plus grand charme du côté de Guermantes, c'est qu'on y avait presque tout le temps à côté de soi le cours de la Vivonne. On la traversait une première fois, dix minutes après avoir quitté la maison, sur une passerelle dite le Pont-Vieux. Dès le lendemain de notre arrivée, le jour de Pâques, après le sermon [4] s'il faisait beau temps, je courais jusque-là, voir dans ce désordre d'un matin de grande fête où quelques préparatifs somptueux font paraître plus sordides les ustensiles de ménage qui traînent encore, la rivière qui se promenait déjà en bleu ciel entre les terres encore noires et nues, accompagnée seulement d'une bande de coucous arrivés trop tôt et de primevères en avance, cependant que çà et là une violette au bec bleu laissait fléchir sa tige sous le poids de la goutte d'odeur

---

1. *Hommage* : devoir ou soumission à l'égard de son seigneur.
2. *Mail* : pré.
3. *Indolente* : insensible et nonchalante.
4. *Sermon* : moment de la messe où le prêtre explique la parole de Dieu et enseigne à ses paroissiens.

1935 qu'elle tenait dans son cornet. Le Pont-Vieux débouchait dans un
sentier de halage[1] qui à cet endroit se tapissait l'été du feuillage
bleu d'un noisetier sous lequel un pêcheur en chapeau de paille
avait pris racine. [...]

Je m'amusais à regarder les carafes que les gamins mettaient
1940 dans la Vivonne pour prendre les petits poissons, et qui, remplies
par la rivière, où elles sont à leur tour encloses[2], à la fois «contenant» aux flancs transparents comme une eau durcie, et «contenu»
plongé dans un plus grand contenant de cristal liquide et courant,
évoquaient l'image de la fraîcheur d'une façon plus délicieuse et
1945 plus irritante qu'elles n'eussent fait sur une table servie, en ne la
montrant qu'en fuite dans cette allitération[3] perpétuelle entre l'eau
sans consistance où les mains ne pouvaient la capter et le verre
sans fluidité où le palais ne pourrait en jouir. Je me promettais de
venir là plus tard avec des lignes ; j'obtenais qu'on tirât un peu de
1950 pain des provisions du goûter : j'en jetais dans la Vivonne des
boulettes qui semblaient suffire pour y provoquer un phénomène
de sursaturation, car l'eau se solidifiait aussitôt autour d'elles en
grappes ovoïdes[4] de têtards inanitiés[5] qu'elle tenait sans doute
jusque-là en dissolution, invisibles, tout près d'être en voie de
1955 cristallisation.

Bientôt le cours de la Vivonne s'obstrue de plantes d'eau. Il y
en a d'abord d'isolées comme tel nénuphar à qui le courant au
travers duquel il était placé d'une façon malheureuse laissait si
peu de repos que comme un bac[6] actionné mécaniquement il
1960 n'abordait une rive que pour retourner à celle d'où il était venu,

---

1. *Sentier de halage* : sentier longeant une rivière et le long duquel on tirait
les bateaux.
2. *Encloses* : voir la note 2, p. 89.
3. *Allitération* : figure de style qui consiste en la répétition d'une même
consonne. Métaphorique ici.
4. *Ovoïdes* : en forme d'œufs.
5. *Inanitiés* : victimes d'inanition, c'est-à-dire morts de faim.
6. *Bac* : bateau destiné à faire traverser une rivière ou un bras d'eau peu
important.

refaisant éternellement la double traversée. Poussé vers la rive, son pédoncule[1] se dépliait, s'allongeait, filait, atteignait l'extrême limite de sa tension jusqu'au bord où le courant le reprenait, le vert cordage se repliait sur lui-même et ramenait la pauvre plante à
1965 ce qu'on peut d'autant mieux appeler son point de départ qu'elle n'y restait pas une seconde sans en repartir par une répétition de la même manœuvre. [...]

Mais plus loin le courant se ralentit, il traverse une propriété dont l'accès était ouvert au public par celui à qui elle appartenait
1970 et qui s'y était complu à des travaux d'horticulture[2] aquatique, faisant fleurir, dans les petits étangs que forme la Vivonne, de véritables jardins de nymphéas[3]. Comme les rives étaient à cet endroit très boisées, les grandes ombres des arbres donnaient à l'eau un fond qui était habituellement d'un vert sombre mais que
1975 parfois, quand nous rentrions par certains soirs rassérénés[4] d'après-midi orageux, j'ai vu d'un bleu clair et cru, tirant sur le violet, d'apparence cloisonnée et de goût japonais. Çà et là, à la surface, rougissait comme une fraise une fleur de nymphéa au cœur écarlate, blanc sur les bords. Plus loin, les fleurs plus nom-
1980 breuses étaient plus pâles, moins lisses, plus grenues[5], plus plis-sées, et disposées par le hasard en enroulements si gracieux qu'on croyait voir flotter à la dérive, comme après l'effeuillement[6] mélancolique d'une fête galante, des roses mousseuses en guir-landes dénouées. Ailleurs un coin semblait réservé aux espèces
1985 communes qui montraient le blanc et le rose proprets de la julienne[7], lavés comme de la porcelaine avec un soin domestique, tandis qu'un peu plus loin, pressées les unes contre les autres en

---

1. **Pédoncule** : support d'une fleur.
2. **Horticulture** : culture des plantes de jardin.
3. **Nymphéas** : voir la note 2, p. 64.
4. **Rassérénés** : calmés, rassurés.
5. **Grenue** : qui contient beaucoup de grains.
6. **Effeuillement** : chute naturelle des feuilles.
7. **Julienne** : plante à fleurs en grappes.

une véritable plate-bande flottante, on eût dit des pensées des
jardins qui étaient venues poser comme des papillons leurs ailes
1990 bleuâtres et glacées, sur l'obliquité[1] transparente de ce parterre
d'eau ; de ce parterre céleste aussi : car il donnait aux fleurs un sol
d'une couleur plus précieuse, plus émouvante que la couleur des
fleurs elles-mêmes ; et, soit que pendant l'après-midi il fît étinceler
sous les nymphéas le kaléidoscope[2] d'un bonheur attentif, silen-
1995 cieux et mobile, ou qu'il s'emplît vers le soir, comme quelque
port lointain, du rose et de la rêverie du couchant, changeant
sans cesse pour rester toujours en accord, autour des corolles de
teintes plus fixes, avec ce qu'il y a de plus profond, de plus fugitif,
de plus mystérieux – avec ce qu'il y a d'infini – dans l'heure, il
2000 semblait les avoir fait fleurir en plein ciel.

Au sortir de ce parc, la Vivonne redevient courante. Que de fois
j'ai vu, j'ai désiré imiter quand je serais libre de vivre à ma guise, un
rameur, qui, ayant lâché l'aviron, s'était couché à plat sur le dos, la
tête en bas, au fond de sa barque, et la laissant flotter à la dérive, ne
2005 pouvant voir que le ciel qui filait lentement au-dessus de lui, portait
sur son visage l'avant-goût du bonheur et de la paix.

Nous nous asseyions entre les iris au bord de l'eau. Dans le ciel
férié, flânait longuement un nuage oisif. Par moments oppressée
par l'ennui, une carpe se dressait hors de l'eau dans une aspiration
2010 anxieuse. C'était l'heure du goûter. Avant de repartir nous res-
tions longtemps à manger des fruits, du pain et du chocolat, sur
l'herbe où parvenaient jusqu'à nous, horizontaux, affaiblis, mais
denses et métalliques encore, des sons de la cloche de Saint-Hilaire
qui ne s'étaient pas mélangés à l'air qu'ils traversaient depuis si
2015 longtemps, et côtelés par la palpitation successive de toutes leurs
lignes sonores, vibraient en rasant les fleurs, à nos pieds. [...]

Jamais dans la promenade du côté de Guermantes nous ne
pûmes remonter jusqu'aux sources de la Vivonne, auxquelles

---

1. *Obliquité* : inclinaison.
2. *Kaléidoscope* : voir la note 2, p. 32.

j'avais souvent pensé et qui avaient pour moi une existence si
2020 abstraite, si idéale, que j'avais été aussi surpris quand on m'avait
dit qu'elles se trouvaient dans le département, à une certaine
distance kilométrique de Combray, que le jour où j'avais appris
qu'il y avait un autre point précis de la terre où s'ouvrait, dans
l'Antiquité, l'entrée des Enfers. Jamais non plus nous ne pûmes
2025 pousser jusqu'au terme que j'eusse tant souhaité d'atteindre, jusqu'à Guermantes. Je savais que là résidaient des châtelains, le
Duc et la Duchesse de Guermantes […].

Mais si malgré cela [1] ils étaient pour moi, en tant que duc et
duchesse, des êtres réels, bien qu'étranges, en revanche leur per-
2030 sonne ducale se distendait démesurément, s'immatérialisait [2],
pour pouvoir contenir en elle ce Guermantes dont ils étaient Duc
et Duchesse, tout ce « côté de Guermantes » ensoleillé, le cours de
la Vivonne, ses nymphéas et ses grands arbres, et tant de beaux
après-midi. Et je savais qu'ils ne portaient pas seulement le titre de
2035 Duc et de Duchesse de Guermantes, mais que depuis le XIVe siècle
où, après avoir inutilement essayé de vaincre ses anciens seigneurs
ils s'étaient alliés à eux par des mariages, ils étaient Comtes de
Combray, les premiers des citoyens de Combray par conséquent
et pourtant les seuls qui n'y habitassent pas. Comtes de Combray,
2040 possédant Combray au milieu de leur nom, de leur personne, et
sans doute ayant effectivement en eux cette étrange et pieuse [3]
tristesse qui était spéciale à Combray ; propriétaires de la ville,
mais non d'une maison particulière, demeurant sans doute
dehors, dans la rue, entre ciel et terre, comme ce Gilbert de
2045 Guermantes, dont je ne voyais aux vitraux de l'abside [4] de Saint-
Hilaire que l'envers de laque noire, si je levais la tête, quand j'allais
chercher du sel chez Camus. […]

---

1. *Malgré cela* : le nom de Guermantes évoque au Narrateur des êtres
mythiques et imaginaires.
2. *S'immatérialisait* : perdait son caractère matériel, réel.
3. *Pieuse* : voir la note 1, p. 97.
4. *Abside* : voir la note 1, p. 70.

Un jour ma mère me dit : «Puisque tu parles toujours de Mme de Guermantes, comme le docteur Percepied l'a très bien soignée il y a quatre ans, elle doit venir à Combray pour assister au mariage de sa fille. Tu pourras l'apercevoir à la cérémonie.» C'était du reste par le docteur Percepied que j'avais le plus entendu parler de Mme de Guermantes, et il nous avait même montré le numéro d'une revue illustrée où elle était représentée dans le costume qu'elle portait à un bal travesti[1] chez la Princesse de Léon.

Tout d'un coup pendant la messe de mariage, un mouvement que fit le suisse[2] en se déplaçant me permit de voir assise dans une chapelle une dame blonde avec un grand nez, des yeux bleus et perçants, une cravate bouffante en soie mauve, lisse, neuve et brillante, et un petit bouton au coin du nez. Et parce que dans la surface de son visage rouge, comme si elle eût eu très chaud, je distinguais, diluées et à peine perceptibles, des parcelles d'analogie[3] avec le portrait qu'on m'avait montré, parce que surtout les traits particuliers que je relevais en elle, si j'essayais de les énoncer, se formulaient précisément dans les mêmes termes : un grand nez, des yeux bleus, dont s'était servi le docteur Percepied quand il avait décrit devant moi la Duchesse de Guermantes, je me dis : cette dame ressemble à Mme de Guermantes ; or la chapelle où elle suivait la messe était celle de Gilbert le Mauvais, sous les plates tombes de laquelle, dorées et distendues comme des alvéoles de miel, reposaient les anciens Comtes de Brabant, et que je me rappelais être à ce qu'on m'avait dit réservée à la famille de Guermantes quand quelqu'un de ses membres venait pour une cérémonie à Combray ; il ne pouvait vraisemblablement y avoir qu'une seule femme ressemblant au portrait de Mme de Guermantes, qui fût ce jour-là, jour où elle devait justement venir, dans cette chapelle : c'était elle ! Ma déception était

---

1. *Travesti* : déguisé.
2. *Suisse* : employé chargé de la garde d'une église, de l'ordonnance des processions.
3. *Analogie* : similitude, ressemblance.

grande. Elle provenait de ce que je n'avais jamais pris garde quand je pensais à Mme de Guermantes, que je me la représentais avec les couleurs d'une tapisserie ou d'un vitrail, dans un autre siècle, d'une autre matière que le reste des personnes vivantes. Jamais je ne m'étais avisé qu'elle pouvait avoir une figure rouge, une cravate mauve comme Mme Sazerat, et l'ovale de ses joues me fit tellement souvenir de personnes que j'avais vues à la maison que le soupçon m'effleura, pour se dissiper d'ailleurs aussitôt après, que cette dame en son principe générateur, en toutes ses molécules, n'était peut-être pas substantiellement[1] la Duchesse de Guermantes, mais que son corps, ignorant du nom qu'on lui appliquait, appartenait à un certain type féminin, qui comprenait aussi des femmes de médecins et de commerçants. «C'est cela, ce n'est que cela, Mme de Guermantes!», disait la mine attentive et étonnée avec laquelle je contemplais cette image qui naturellement n'avait aucun rapport avec celles qui sous le même nom de Mme de Guermantes étaient apparues tant de fois dans mes songes, puisque, elle, elle n'avait pas été comme les autres arbitrairement[2] formée par moi, mais qu'elle m'avait sauté aux yeux pour la première fois il y a un moment seulement, dans l'église; qui n'était pas de la même nature, n'était pas colorable à volonté comme celles qui se laissaient imbiber de la teinte orangée d'une syllabe, mais était si réelle que tout, jusqu'à ce petit bouton qui s'enflammait au coin du nez, certifiait son assujettissement aux lois de la vie, comme dans une apothéose[3] de théâtre, un plissement de la robe de la fée, un tremblement de son petit doigt, dénoncent la présence matérielle d'une actrice vivante, là où nous étions incertains si nous n'avions pas devant les yeux une simple projection lumineuse. [...]

---

1. **Substantiellement**: en substance, au sens biologique du terme.
2. **Arbitrairement**: voir la note 2, p. 54.
3. **Apothéose**: triomphe.

Combien depuis ce jour, dans mes promenades du côté de Guermantes, il me parut plus affligeant encore qu'auparavant de n'avoir pas de dispositions pour les lettres, et de devoir renoncer à être jamais un écrivain célèbre. Les regrets que j'en éprouvais, tandis que je restais seul à rêver un peu à l'écart, me faisaient tant souffrir, que pour ne plus les ressentir, de lui-même par une sorte d'inhibition devant la douleur, mon esprit s'arrêtait entièrement de penser aux vers, aux romans, à un avenir poétique sur lequel mon manque de talent m'interdisait de compter. Alors, bien en dehors de toutes ces préoccupations littéraires et ne s'y rattachant en rien, tout d'un coup un toit, un reflet de soleil sur une pierre, l'odeur d'un chemin me faisaient arrêter par un plaisir particulier qu'ils me donnaient, et aussi parce qu'ils avaient l'air de cacher au-delà de ce que je voyais, quelque chose qu'ils invitaient à venir prendre et que malgré mes efforts je n'arrivais pas à découvrir. Comme je sentais que cela se trouvait en eux, je restais là, immobile, à regarder, à respirer, à tâcher d'aller avec ma pensée au-delà de l'image ou de l'odeur. Et s'il me fallait rattraper mon grand-père, poursuivre ma route, je cherchais à les retrouver, en fermant les yeux ; je m'attachais à me rappeler exactement la ligne du toit, la nuance de la pierre qui, sans que je pusse comprendre pourquoi, m'avaient semblé pleines, prêtes à s'entrouvrir, à me livrer ce dont elles n'étaient qu'un couvercle. Certes ce n'était pas des impressions de ce genre qui pouvaient me rendre l'espérance que j'avais perdue de pouvoir être un jour écrivain et poète, car elles étaient toujours liées à un objet particulier dépourvu de valeur intellectuelle et ne se rapportant à aucune vérité abstraite. Mais du moins elles me donnaient un plaisir irraisonné, l'illusion d'une sorte de fécondité et par là me distrayaient de l'ennui, du sentiment de mon impuissance que j'avais éprouvés chaque fois que j'avais cherché un sujet philosophique pour une grande œuvre littéraire. Mais le devoir de conscience était si ardu que m'imposaient ces impressions de forme, de parfum ou de couleur – de tâcher d'apercevoir ce qui se cachait derrière elles, que je ne tardais pas à me chercher à moi-même des excuses qui me permissent de me dérober à ces efforts et de m'épargner cette fatigue. Par bonheur mes parents m'appelaient, je sentais que je n'avais pas présentement la tran2145 quillité nécessaire pour poursuivre utilement ma recherche, et qu'il valait mieux n'y plus penser jusqu'à ce que je fusse rentré, et ne pas me fatiguer d'avance sans résultat. Alors je ne m'occupais plus de cette chose inconnue qui s'enveloppait d'une forme ou d'un parfum, bien tranquille puisque je la ramenais à la maison, protégée 2150 par le revêtement d'images sous lesquelles je la trouverais vivante, comme les poissons que les jours où on m'avait laissé aller à la pêche, je rapportais dans mon panier, couverts par une couche d'herbe qui préservait leur fraîcheur. Une fois à la maison je songeais à autre chose et ainsi s'entassaient dans mon esprit (comme 2155 dans ma chambre les fleurs que j'avais cueillies dans mes promenades ou les objets qu'on m'avait donnés) une pierre où jouait un reflet, un toit, un son de cloche, une odeur de feuilles, bien des images différentes sous lesquelles il y a longtemps qu'est morte la réalité pressentie que je n'ai pas eu assez de volonté pour arriver à 2160 découvrir. Une fois pourtant – où notre promenade s'étant prolongée fort au-delà de sa durée habituelle, nous avions été bien heureux de rencontrer à mi-chemin du retour, comme l'après-midi finissait, le docteur Percepied qui passait en voiture à bride abattue, nous avait reconnus et fait monter avec lui – j'eus une impres2165 sion de ce genre et ne l'abandonnai pas sans un peu l'approfondir. On m'avait fait monter près du cocher, nous allions comme le vent parce que le docteur avait encore avant de rentrer à Combray à s'arrêter à Martinville-le-Sec chez un malade à la porte duquel il avait été convenu que nous l'attendrions. Au tournant d'un che2170 min j'éprouvai tout à coup ce plaisir spécial qui ne ressemblait à aucun autre, à apercevoir les deux clochers de Martinville, sur lesquels donnait le soleil couchant et que le mouvement de notre voiture et les lacets du chemin avaient l'air de faire changer de place, puis celui de Vieuxvicq qui, séparé d'eux par une colline et

2175 une vallée, et situé sur un plateau plus élevé dans le lointain, semblait pourtant tout voisin d'eux.

En constatant, en notant la forme de leur flèche [1], le déplacement de leurs lignes, l'ensoleillement de leur surface, je sentais que je n'allais pas au bout de mon impression, que quelque chose était
2180 derrière ce mouvement, derrière cette clarté, quelque chose qu'ils semblaient contenir et dérober à la fois.

Les clochers paraissaient si éloignés et nous avions l'air de si peu nous rapprocher d'eux, que je fus étonné quand, quelques instants après, nous nous arrêtâmes devant l'église de Martinville.
2185 Je ne savais pas la raison du plaisir que j'avais eu à les apercevoir à l'horizon et l'obligation de chercher à découvrir cette raison me semblait bien pénible ; j'avais envie de garder en réserve dans ma tête ces lignes remuantes au soleil et de n'y plus penser maintenant. Et il est probable que si je l'avais fait, les deux clochers
2190 seraient allés à jamais rejoindre tant d'arbres, de toits, de parfums, de sons, que j'avais distingués des autres à cause de ce plaisir obscur qu'ils m'avaient procuré et que je n'ai jamais approfondi. Je descendis causer avec mes parents en attendant le docteur. Puis nous repartîmes, je repris ma place sur le siège, je
2195 tournai la tête pour voir encore les clochers qu'un peu plus tard, j'aperçus une dernière fois au tournant d'un chemin. Le cocher, qui ne semblait pas disposé à causer, ayant à peine répondu à mes propos, force me fut [2], faute d'autre compagnie, de me rabattre sur celle de moi-même et d'essayer de me rappeler mes clochers.
2200 Bientôt leurs lignes et leurs surfaces ensoleillées, comme si elles avaient été une sorte d'écorce se déchirèrent, un peu de ce qui m'était caché en elles m'apparut, j'eus une pensée qui n'existait pas pour moi l'instant avant, qui se formula en mots dans ma tête, et le plaisir que m'avait fait tout à l'heure éprouver leur vue
2205 s'en trouva tellement accru que, pris d'une sorte d'ivresse, je ne

---

1. *Flèche* : voir la note 1, p. 73.
2. *Force me fut* : je fus obligé.

pus plus penser à autre chose. À ce moment et comme nous étions déjà loin de Martinville, en tournant la tête je les aperçus de nouveau, tout noirs cette fois, car le soleil était déjà couché. Par moments les tournants du chemin me les dérobaient, puis ils se
2210 montrèrent une dernière fois et enfin je ne les vis plus.

Sans me dire que ce qui était caché derrière les clochers de Martinville devait être quelque chose d'analogue[1] à une jolie phrase, puisque c'était sous la forme de mots qui me faisaient plaisir, que cela m'était apparu, demandant un crayon et du
2215 papier au docteur, je composai malgré les cahots de la voiture, pour soulager ma conscience et obéir à mon enthousiasme, le petit morceau suivant que j'ai retrouvé depuis et auquel je n'ai eu à faire subir que peu de changements :

« Seuls, s'élevant du niveau de la plaine et comme perdus en
2220 rase campagne, montaient vers le ciel les deux clochers de Martinville. Bientôt nous en vîmes trois : venant se placer en face d'eux par une volte[2] hardie, un clocher retardataire, celui de Vieuxvicq, les avait rejoints. Les minutes passaient, nous allions vite et pourtant les trois clochers étaient toujours au loin devant
2225 nous, comme trois oiseaux posés sur la plaine, immobiles et qu'on distingue au soleil. Puis le clocher de Vieuxvicq s'écarta, prit ses distances, et les clochers de Martinville restèrent seuls, éclairés par la lumière du couchant que même à cette distance, sur leurs pentes, je voyais jouer et sourire. Nous avions été si
2230 longs à nous rapprocher d'eux, que je pensais au temps qu'il faudrait encore pour les atteindre quand, tout d'un coup, la voiture ayant tourné, elle nous déposa à leurs pieds ; et ils s'étaient jetés si rudement au-devant d'elle, qu'on n'eut que le temps d'arrêter pour ne pas se heurter au porche. Nous poursuivîmes
2235 notre route ; nous avions déjà quitté Martinville depuis un peu de temps et le village après nous avoir accompagnés quelques

---

1. *Analogue* : voir la note 3, p. 87.
2. *Volte* : demi-tour.

secondes avait disparu, que restés seuls à l'horizon à nous regarder fuir, ses clochers et celui de Vieuxvicq agitaient encore en signe d'adieu leurs cimes ensoleillées. Parfois l'un effaçait pour
2240 que les deux autres pussent nous apercevoir un instant encore ; mais la route changea de direction, ils virèrent dans la lumière comme trois pivots d'or et disparurent à mes yeux. Mais, un peu plus tard, comme nous étions déjà près de Combray, le soleil étant maintenant couché, je les aperçus une dernière fois de très
2245 loin qui n'étaient plus que comme trois fleurs peintes sur le ciel au-dessus de la ligne basse des champs. Ils me faisaient penser aussi aux trois jeunes filles d'une légende, abandonnées dans une solitude où tombait déjà l'obscurité ; et tandis que nous nous éloignions au galop, je les vis timidement chercher leur chemin
2250 et après quelques gauches[1] trébuchements de leurs nobles silhouettes, se serrer les uns contre les autres, glisser l'un derrière l'autre, ne plus faire sur le ciel encore rose qu'une seule forme noire, charmante et résignée, et s'effacer dans la nuit. » Je ne repensai jamais à cette page, mais à ce moment-là, quand, au
2255 coin du siège où le cocher du docteur plaçait habituellement dans un panier les volailles qu'il avait achetées au marché de Martinville, j'eus fini de l'écrire, je me trouvai si heureux, je sentais qu'elle m'avait si parfaitement débarrassé de ces clochers et de ce qu'ils cachaient derrière eux, que, comme si j'avais été
2260 moi-même une poule et si je venais de pondre un œuf, je me mis à chanter à tue-tête. [...]

Aussi le côté de Méséglise et le côté de Guermantes restent-ils pour moi liés à bien des petits événements de celle de toutes les diverses vies que nous menons parallèlement, qui est la plus
2265 pleine de péripéties, la plus riche en épisodes, je veux dire la vie intellectuelle. Sans doute elle progresse en nous insensiblement et les vérités qui en ont changé pour nous le sens et l'aspect, qui nous ont ouvert de nouveaux chemins, nous en préparions depuis

---

1. *Gauches* : maladroits.

Aussi le côté de Méséglise et le côté de Guermantes restent-ils pour moi liés
à bien des petits événements de celle de toutes les diverses vies que nous menons parallèlement,
qui est la plus pleine de péripéties, la plus riche en épisodes, je veux dire la vie intellectuelle.

Ce parfum d'aubépine qui butine le long de la haie, un bruit de pas sans écho sur le gravier d'une allée, une bulle formée contre une plante aquatique par l'eau de la rivière et qui crève aussitôt...

...mon exaltation les a portés et a réussi à leur faire traverser tant d'années successives, tandis qu'alentour les chemins se sont effacés et que sont morts ceux qui les foulèrent et le souvenir de ceux qui les foulèrent.

Quand par les soirs d'été le ciel harmonieux gronde comme une bête fauve et que chacun boude l'orage,
c'est au côté de Méséglise que je dois de rester seul en extase...

... à respirer, à travers le bruit de la pluie qui tombe, l'odeur d'invisibles...

... et persistants lilas.

© Guy Delcourt Productions – Stéphane Heuet.

longtemps la découverte ; mais c'était sans le savoir ; et elles ne datent pour nous que du jour, de la minute où elles nous sont devenues visibles. Les fleurs qui jouaient alors sur l'herbe, l'eau qui passait au soleil, tout le paysage qui environna leur apparition continue à accompagner leur souvenir de son visage inconscient ou distrait ; et certes quand ils étaient longuement contemplés par cet humble passant, par cet enfant qui rêvait – comme l'est un roi, par un mémorialiste[1] perdu dans la foule – ce coin de nature, ce bout de jardin n'eussent pu penser que ce serait grâce à lui qu'ils seraient appelés à survivre en leurs particularités les plus éphémères ; et pourtant ce parfum d'aubépine[2] qui butine le long de la haie où les églantiers le remplaceront bientôt, un bruit de pas sans écho sur le gravier d'une allée, une bulle formée contre une plante aquatique par l'eau de la rivière et qui crève aussitôt, mon exaltation les a portés et a réussi à leur faire traverser tant d'années successives, tandis qu'alentour les chemins se sont effacés et que sont morts ceux qui les foulèrent et le souvenir de ceux qui les foulèrent. Parfois ce morceau de paysage amené ainsi jusqu'à aujourd'hui se détache si isolé de tout, qu'il flotte incertain dans ma pensée comme une Délos[3] fleurie, sans que je puisse dire de quel pays, de quel temps – peut-être tout simplement de quel rêve – il vient. Mais c'est surtout comme à des gisements profonds de mon sol mental, comme aux terrains résistants sur lesquels je m'appuie encore, que je dois penser au côté de Méséglise et au côté de Guermantes. C'est parce que je croyais aux choses, aux êtres, tandis que je les parcourais, que les choses, les êtres qu'ils m'ont fait connaître, sont les seuls que je prenne encore au sérieux et qui me donnent encore de la joie. Soit que la foi qui crée soit tarie en moi, soit que la réalité ne se forme que dans la mémoire, les fleurs qu'on me montre aujourd'hui pour la première fois ne me semblent pas de

---

1. *Mémorialiste* : auteur de mémoires historiques.
2. *Aubépine* : voir la note 1, p. 100.
3. *Délos* : île grecque de l'archipel des Cyclades.

vraies fleurs. Le côté de Méséglise avec ses lilas, ses aubépines, ses bleuets, ses coquelicots, ses pommiers, le côté de Guermantes avec sa rivière à têtards, ses nymphéas [1] et ses boutons d'or, ont constitué à tout jamais pour moi la figure des pays où j'aimerais vivre, où j'exige avant tout qu'on puisse aller à la pêche, se promener en canot, voir des ruines de fortifications gothiques et trouver au milieu des blés, ainsi qu'était Saint-André-des-Champs, une église monumentale, rustique et dorée comme une meule ; et les bleuets, les aubépines, les pommiers qu'il m'arrive quand je voyage de rencontrer encore dans les champs, parce qu'ils sont situés à la même profondeur, au niveau de mon passé, sont immédiatement en communication avec mon cœur. Et pourtant, parce qu'il y a quelque chose d'individuel dans les lieux, quand me saisit le désir de revoir le côté de Guermantes, on ne le satisferait pas en me menant au bord d'une rivière où il y aurait d'aussi beaux, de plus beaux nymphéas que dans la Vivonne, pas plus que le soir en rentrant – à l'heure où s'éveillait en moi cette angoisse qui plus tard émigre dans l'amour, et peut devenir à jamais inséparable de lui – je n'aurais souhaité que vînt me dire bonsoir une mère plus belle et plus intelligente que la mienne. Non ; de même que ce qu'il me fallait pour que je pusse m'endormir heureux, avec cette paix sans trouble qu'aucune maîtresse n'a pu me donner depuis puisqu'on doute d'elles encore au moment où on croit en elles, et qu'on ne possède jamais leur cœur comme je recevais dans un baiser celui de ma mère, tout entier, sans la réserve d'une arrière-pensée, sans le reliquat [2] d'une intention qui ne fût pas pour moi – c'est que ce fût elle, c'est qu'elle inclinât vers moi ce visage où il y avait au-dessous de l'œil quelque chose qui était, paraît-il, un défaut, et que j'aimais à l'égal du reste, de même ce que je veux revoir, c'est le côté de Guermantes que j'ai connu, avec la ferme qui est un peu éloignée

1. *Nymphéas* : voir la note 2, p. 64.
2. *Reliquat* : reste.

des deux suivantes serrées l'une contre l'autre, à l'entrée de l'allée des chênes ; ce sont ces prairies où, quand le soleil les rend réfléchissantes comme une mare, se dessinent les feuilles des pommiers, c'est ce paysage dont parfois, la nuit dans mes rêves, l'individualité m'étreint avec une puissance presque fantastique et que je ne peux plus retrouver au réveil. Sans doute pour avoir à jamais indissolublement uni en moi des impressions différentes rien que parce qu'ils me les avaient fait éprouver en même temps, le côté de Méséglise ou le côté de Guermantes m'ont exposé, pour l'avenir, à bien des déceptions et même à bien des fautes. Car souvent j'ai voulu revoir une personne sans discerner que c'était simplement parce qu'elle me rappelait une haie d'aubépines, et j'ai été induit[1] à croire, à faire croire à un regain d'affection, par un simple désir de voyage. Mais par là même aussi, et en restant présents en celles de mes impressions d'aujourd'hui auxquelles ils peuvent se relier, ils leur donnent des assises, de la profondeur, une dimension de plus qu'aux autres. Ils leur ajoutent aussi un charme, une signification qui n'est que pour moi. Quand par les soirs d'été le ciel harmonieux gronde comme une bête fauve et que chacun boude l'orage, c'est au côté de Méséglise que je dois de rester seul en extase[2] à respirer, à travers le bruit de la pluie qui tombe, l'odeur d'invisibles et persistants lilas.

C'est ainsi que je restais souvent jusqu'au matin à songer au temps de Combray, à mes tristes soirées sans sommeil, à tant de jours aussi dont l'image m'avait été plus récemment rendue par la saveur – ce qu'on aurait appelé à Combray le « parfum » – d'une tasse de thé, et par association de souvenirs à ce que, bien des années après avoir quitté cette petite ville, j'avais appris, au

---

1. *Induit* : conduit, amené.
2. *Extase* : émerveillement, ravissement.

2360 sujet d'un amour que Swann avait eu avant ma naissance, avec
cette précision dans les détails plus facile à obtenir quelquefois
pour la vie de personnes mortes il y a des siècles que pour celle
de nos meilleurs amis, et qui semble impossible comme semblait
impossible de causer d'une ville à une autre – tant qu'on ignore
2365 le biais par lequel cette impossibilité a été tournée[1]. Tous ces
souvenirs ajoutés les uns aux autres ne formaient plus qu'une
masse, mais non sans qu'on ne pût distinguer entre eux – entre
les plus anciens, et ceux plus récents, nés d'un parfum, puis ceux
qui n'étaient que les souvenirs d'une autre personne de qui je les
2370 avais appris – sinon des fissures, des failles véritables, du moins
ces veinures[2], ces bigarrures[3] de coloration, qui dans certaines
roches, dans certains marbres, révèlent des différences d'origine,
d'âge, de « formation ».

Certes quand approchait le matin, il y avait bien longtemps
2375 qu'était dissipée la brève incertitude de mon réveil. Je savais dans
quelle chambre je me trouvais effectivement, je l'avais reconstruite autour de moi dans l'obscurité, et – soit en m'orientant
par la seule mémoire, soit en m'aidant, comme indication, d'une
faible lueur aperçue, au pied de laquelle je plaçais les rideaux de
2380 la croisée[4] – je l'avais reconstruite tout entière et meublée comme
un architecte et un tapissier qui gardent leur ouverture primitive
aux fenêtres et aux portes, j'avais reposé les glaces et remis la
commode à sa place habituelle. Mais à peine le jour – et non
plus le reflet d'une dernière braise sur une tringle de cuivre que
2385 j'avais pris pour lui – traçait-il dans l'obscurité, et comme à la
craie, sa première raie blanche et rectificative, que la fenêtre avec
ses rideaux, quittait le cadre de la porte où je l'avais située par
erreur, tandis que pour lui faire place, le bureau que ma mémoire
avait maladroitement installé là se sauvait à toute vitesse,

---

1. *Tournée* : contournée, évitée.
2. *Veinures* : aspect de veines.
3. *Bigarrures* : marques de couleurs qui contrastent vivement.
4. *Croisée* : fenêtre.

poussant devant lui la cheminée et écartant le mur mitoyen [1] du couloir ; une courette régnait à l'endroit où il y a un instant encore s'étendait le cabinet de toilette, et la demeure que j'avais rebâtie dans les ténèbres était allée rejoindre les demeures entrevues dans le tourbillon du réveil, mise en fuite par ce pâle signe qu'avait tracé au-dessus des rideaux le doigt levé du jour.

---

1. *Mitoyen* : voir la note 9, p. 70.

DOSSIER

Qui est qui ?

Proust, très influencé par la peinture, a le don de « croquer » ses personnages en quelques traits physiques ou psychologiques rapides et terriblement efficaces. Seriez-vous capables de les reconnaître ?

A. « Elle ne parlait jamais qu'assez bas parce qu'elle croyait avoir dans la tête quelque chose de cassé et de flottant qu'elle eût déplacé en parlant trop fort... »

....

B. « Pendant les quinze jours que dura la maladie de ma tante, [elle] ne la quitta pas un instant, ne se déshabilla pas, ne laissa personne lui donner aucun soin, ne quitta son corps que quand il fut enterré. »

....

C. « ... un des membres les plus élégants du Jockey-Club, ami préféré du Comte de Paris et du Prince de Galles, un des hommes les plus choyés de la haute société du faubourg Saint-Germain. »

....

D. « ... il était aussi l'écrivain préféré d'une amie de ma mère qui était très lettrée. »

....

E. « ... [il] avait déplu à ma grand-mère parce que, après le déjeuner comme elle disait qu'elle était un peu souffrante, il avait étouffé un sanglot et essuyé des larmes. »

....

F. « Maman s'amusait infiniment chaque fois qu'elle [le] prenait en flagrant délit du péché qu'il n'avouait pas, qu'il continuait à appeler péché sans rémission, le snobisme. »

....

G. « Mieux habillée seulement, l'amie de mon oncle avait le même regard vif et bon, elle avait l'air aussi franc et aimant [...] J'avais peine à croire que ce fût une cocotte. »

....

H. « ... il était encore devant nous, grand, dans sa robe de nuit blanche sous le cachemire de l'Inde violet et rose qu'il nouait autour de sa tête depuis qu'il avait des névralgies, avec le geste d'Abraham... »

....

I. « ... une dame blonde avec un grand nez, des yeux bleus et perçants, une cravate bouffante en soie mauve, lisse, neuve et brillante, et un petit bouton au coin du nez. »

....

J. « (C')était une fille boiteuse, active et sourde... elle savait avec cela comme personne distraire ma tante sans la fatiguer. »

....

Qui dit quoi ?

Proust, qui a publié un recueil de pastiches dans lequel il imite le style des plus grands écrivains de langue française, attribue aussi à chacun de ses protagonistes un style oral particulier fait, soit d'expressions originales, soit de tics de langage qu'il rend comiques, voire ridicules. Seriez-vous capables de rendre à chacun son discours ?

Swann •

Eulalie •

Bloch •

Tante Léonie •

Legrandin •

• « Ah ! ma pauvre fille, il faut que vous l'ayez solide votre tête, vous pouvez remercier le bon Dieu. »

• « Monsieur, je ne puis absolument vous dire s'il a plu. Je vis si résolument en dehors des contingences physiques que mes sens ne prennent pas la peine de me les notifier. »

• « Et voyez-vous, mon enfant, il vient dans la vie une heure dont vous êtes bien loin encore où les yeux las ne tolèrent plus qu'une lumière, celle qu'une belle nuit comme celle-ci prépare et distille avec l'obscurité. »

• « Ah ! oui, ce garçon que j'ai vu une fois ici, qui ressemble tellement au portrait de Mahomet II par Bellini. »

• « Connaissant votre maladie comme vous la connaissez, madame Octave, vous irez jusqu'à cent ans. »

Matières et sensations

L'épisode célèbre de la madeleine (pages 59 à 64) donne à Proust l'occasion de rapporter une expérience fondamentale, au cours de laquelle le passé ressurgit grâce aux sensations nées des matières. À vous de compléter la grille qui suit.

Horizontalement

A. Matière dont peuvent être faits certains bols japonais.
B. Ce petit biscuit est aussi un prénom féminin.
C. Mêlée de miettes de gâteau, elle fait tressaillir le Narrateur.
D. Vivace, immatérielle, persistante, fidèle, elle demeure « à se rappeler, à attendre, à espérer, sur la ruine de tout le reste, à porter sans [...] l'édifice immense du souvenir ».

Verticalement

1. La petite madeleine en a la forme.
2. Elle est plus efficace et plus authentique quand elle est involontaire.
3. Celle de la madeleine restitue au Narrateur le souvenir de Combray.
4. Plante aromatique aux vertus sédatives appréciée par la tante Léonie.
5. Bouillante, elle peut avoir le goût de feuille morte ou de fleur fanée.
6. En boire n'est pas dans les habitudes du Narrateur ; et pourtant...

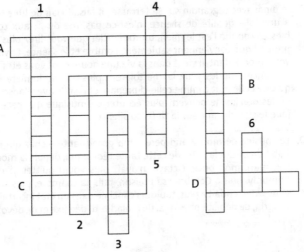

Une certaine vision du monde

Chez Proust, le style est une vision particulière du monde. Dans les phrases suivantes se reconnaissent certaines figures de style. Pouvez-vous identifier :

une métaphore filée – un euphémisme – une gradation
une énumération – une antonomase – une antithèse
une synesthésie – une anaphore

A. La pauvre Charité de Giotto, comme l'appelait Swann, chargée par Françoise de les « plumer », les avait près d'elle dans une corbeille, son air était douloureux, comme si elle ressentait tous les malheurs de la terre ;

....

B. Une fois dans ma chambre, il fallut boucher toutes les issues, fermer les volets, creuser mon propre tombeau, en défaisant mes couvertures, revêtir le suaire de ma chemise de nuit. Mais avant de m'ensevelir dans le lit de fer qu'on avait ajouté dans la chambre parce que j'avais trop chaud l'été sous les courtines de reps du grand lit, j'eus un mouvement de révolte, je voulus essayer d'une ruse de condamné.

....

C. Je dînai avec Legrandin sur sa terrasse ; il faisait clair de lune : « Il y a une jolie qualité de silence, n'est-ce pas, me dit-il ; aux cœurs blessés comme l'est le mien, un romancier que vous lirez plus tard prétend que conviennent seulement l'ombre et le silence. Et voyez-vous, mon enfant, il vient dans la vie une heure dont vous êtes bien loin encore où les yeux las ne tolèrent plus qu'une lumière, celle qu'une belle nuit comme celle-ci prépare et distille avec l'obscurité, où les oreilles ne peuvent plus écouter de musique que celle que joue le clair de lune sur la flûte du silence. »

....

D. La cousine de mon grand-père – ma grand-tante – chez qui nous habitions, était la mère de cette tante Léonie qui, depuis la mort de son mari, mon oncle Octave, n'avait plus voulu quitter, d'abord Combray, puis à Combray sa maison, puis sa chambre, puis son lit et ne « descendait » plus, toujours couchée dans un état incertain de chagrin, de débilité physique, de maladie, d'idée fixe et de dévotion.

....

E. Malheureusement, ayant pris l'habitude de penser tout haut, elle ne faisait pas toujours attention à ce qu'il n'y eût personne dans la chambre voisine, et je l'entendais souvent se dire à elle-même : « Il faut que je me rappelle bien que je n'ai pas dormi » (car ne jamais dormir était sa grande prétention dont notre langage à tous gardait le respect et la trace : le matin Françoise ne venait pas « l'éveiller », mais « entrait » chez elle ; quand ma tante voulait faire un somme dans la journée, on disait qu'elle voulait « réfléchir » ou « reposer » ; et quand il lui arrivait de s'oublier en causant jusqu'à dire : « ce qui m'a réveillée » ou « j'ai rêvé que », elle rougissait et se reprenait au plus vite).

....

F. ... et le feu cuisant comme une pâte les appétissantes odeurs dont l'air de la chambre était tout grumeleux et qu'avait déjà fait travailler et « lever » la fraîcheur humide et ensoleillée du matin, il les feuilletait, les dorait, les godait, les boursouflait, en faisant un invisible et palpable gâteau provincial, un immense « chausson » où, à peine goûtés les arômes plus croustillants, plus fins, plus réputés, mais plus secs aussi du placard, de la commode, du papier à ramages, je revenais toujours avec une convoitise inavouée m'engluer dans l'odeur médiane, poisseuse, fade, indigeste et fruitée du couvre-lit à fleurs.

....

G. J'avais le désir d'une paysanne de Méséglise ou de Roussainville, d'une pêcheuse de Balbec, comme j'avais le désir de Méséglise et de Balbec. Le plaisir qu'elles pouvaient me donner m'aurait paru moins vrai, je n'aurais plus cru en lui, si j'en avais modifié à ma guise les conditions. Connaître à Paris une pêcheuse de Balbec ou une paysanne de Méséglise c'eût été recevoir des coquillages que je n'aurais pas vus sur la plage, une fougère que je n'aurais pas trouvée dans les bois, c'eût été retrancher au plaisir que la femme me donnerait tous ceux au milieu desquels l'avait enveloppée mon imagination.

....

H. Cette obscure fraîcheur de ma chambre était au plein soleil de la rue, ce que l'ombre est au rayon, c'est-à-dire aussi lumineuse que lui, et offrait à mon imagination le spectacle total de l'été dont mes sens si j'avais été en promenade, n'auraient pu jouir que par morceaux ; et ainsi elle s'accordait bien à mon repos qui (grâce aux aventures racontées par mes livres et qui venaient l'émouvoir), supportait pareil au repos d'une main immobile au milieu d'une eau courante, le choc et l'animation d'un torrent d'activité.

....

« Les anneaux nécessaires
d'un beau style »

Dans *Le Temps retrouvé*, Proust, à propos du style écrit ceci : « On peut faire se succéder indéfiniment dans une description les objets qui figuraient dans le lieu décrit, la vérité ne commencera qu'au moment où l'écrivain prendra deux objets différents, posera leur rapport, analogue dans le monde de l'art à celui qu'est le rapport unique de la loi causale dans le monde de la science, et les enfermera dans les anneaux nécessaires d'un beau style ; même ainsi que la vie, quand, en rapprochant une qualité commune à deux sensations, il dégagera leur essence commune en les réunissant l'une et l'autre pour les soustraire aux contingences du temps, dans une métaphore ». Cette manière d'exprimer que l'écriture transfigure le monde par l'analogie est au cœur de la *Recherche*.

Dans les phrases suivantes, identifiez analogies, métaphores et comparaisons, en indiquant, quand ils existent, le **comparé**, le **comparant** et le **comparatif**.

1. J'appuyais tendrement mes joues contre les belles joues de l'oreiller qui, pleines et fraîches, sont comme les joues de notre enfance.

2. Que je l'aimais, que je la revois bien, notre église ! Son vieux porche par lequel nous entrions, noir, grêlé comme une écumoire, était dévié et profondément creusé aux angles (de même que le bénitier où il nous conduisait) comme si le doux effleurement des mantes des paysannes entrant à l'église et de leurs doigts timides prenant de l'eau bénite, pouvait, répété pendant des siècles, acquérir une force destructive, infléchir la pierre et l'entailler de sillons comme en trace la roue des carrioles dans la borne contre laquelle elle bute tous les jours.

3. Mme Loiseau avait beau avoir à sa fenêtre des fuchsias, qui prenaient la mauvaise habitude de laisser leurs branches courir toujours partout tête baissée, et dont les fleurs n'avaient rien de plus pressé, quand elles étaient assez grandes, que d'aller rafraîchir leurs joues violettes et congestionnées contre la sombre façade de l'église, les fuchsias ne devenaient pas sacrés pour cela pour moi ;

4. Et comme cet hyménoptère observé par Fabre, la guêpe fouisseuse, qui pour que ses petits après sa mort aient de la viande fraîche à manger, appelle l'anatomie au secours de sa cruauté et, ayant capturé des charançons et des araignées, leur perce avec un savoir et une adresse merveilleux le centre nerveux d'où dépend le mouvement des pattes, mais non les autres fonctions de la vie, de façon que l'insecte paralysé près duquel elle dépose ses œufs, fournisse aux larves quand elles écloront un gibier docile, inoffensif, incapable de fuite ou de résistance, mais nullement faisandé, Françoise trouvait pour servir sa volonté permanente de rendre la maison intenable à tout domestique, des ruses si savantes et si impitoyables que, bien des années plus tard, nous apprîmes que si cet été-là nous avions mangé presque tous les jours des asperges, c'était parce que leur odeur donnait à la pauvre fille de cuisine chargée de les éplucher des crises d'asthme d'une telle violence qu'elle fut obligée de finir par s'en aller.

5. Ce redressement rapide fit refluer en une sorte d'onde fougueuse et musclée la croupe de Legrandin que je ne supposais pas si charnue ; et je ne sais pourquoi cette ondulation de pure matière, ce flot tout charnel, sans expression de spiritualité et qu'un empressement plein de bassesse fouettait en tempête, éveillèrent tout d'un coup dans mon esprit la possibilité d'un Legrandin tout différent de celui que nous connaissions.

6. ... quand nous arrivions rue du Saint-Esprit, il y avait encore un reflet du couchant sur les vitres de la maison et un bandeau de pourpre au fond des bois du Calvaire qui se reflétait plus loin dans l'étang, rougeur qui, accompagnée souvent d'un froid assez vif, s'associait, dans mon esprit, à la rougeur du feu au-dessus duquel rôtissait le poulet qui ferait succéder pour moi au plaisir poétique donné par la promenade, le plaisir de la gourmandise, de la chaleur et du repos.

7. Quand, au moment de quitter l'église, je m'agenouillai devant l'autel, je sentis tout d'un coup, en me relevant, s'échapper des aubépines une odeur amère et douce d'amandes, et je remarquai alors sur les fleurs de petites places plus blondes, sous lesquelles je me figurai que devait être cachée cette odeur comme sous les parties gratinées le goût d'une frangipane ou sous leurs taches de rousseur celui des joues de Mlle Vinteuil. Malgré la silencieuse immobilité des aubépines, cette intermittente odeur était comme le murmure de leur vie intense dont l'autel vibrait ainsi qu'une haie agreste visitée par de vivantes antennes, auxquelles on pensait en

voyant certaines étamines presque rousses qui semblaient avoir gardé la virulence printanière, le pouvoir irritant, d'insectes aujourd'hui métamorphosés en fleurs.

8. Les premiers jours, comme un air de musique dont on raffolera, mais qu'on ne distingue pas encore, ce que je devais tant aimer dans son style ne m'apparut pas. Je ne pouvais pas quitter le roman que je lisais de lui, mais me croyais seulement intéressé par le sujet, comme dans ces premiers moments de l'amour où on va tous les jours retrouver une femme à quelque réunion, à quelque divertissement par les agréments desquels on se croit attiré.

9. « Seuls, s'élevant du niveau de la plaine et comme perdus en rase campagne, montaient vers le ciel les deux clochers de Martinville. Bientôt nous en vîmes trois : venant se placer en face d'eux par une volte hardie, un clocher retardataire, celui de Vieuxvicq, les avait rejoints. Les minutes passaient, nous allions vite et pourtant les trois clochers étaient toujours au loin devant nous, comme trois oiseaux posés sur la plaine, immobiles et qu'on distingue au soleil. Puis le clocher de Vieuxvicq s'écarta, prit ses distances, et les clochers de Martinville restèrent seuls, éclairés par la lumière du couchant que même à cette distance, sur leurs pentes, je voyais jouer et sourire. Nous avions été si longs à nous rapprocher d'eux, que je pensais au temps qu'il faudrait encore pour les atteindre quand, tout d'un coup, la voiture ayant tourné, elle nous déposa à leurs pieds ; et ils s'étaient jetés si rudement au-devant d'elle, qu'on n'eut que le temps d'arrêter pour ne pas se heurter au porche.

10. Et comme dans ce jeu où les Japonais s'amusent à tremper dans un bol de porcelaine rempli d'eau, de petits morceaux de papier jusque-là indistincts qui, à peine y sont-ils plongés s'étirent, se contournent, se colorent, se différencient, deviennent des fleurs, des maisons, des personnages consistants et reconnaissables, de même maintenant toutes les fleurs de notre jardin et celles du parc de M. Swann, et les nymphéas de la Vivonne, et les bonnes gens du village et leurs petits logis et l'église et tout Combray et ses environs, tout cela qui prend forme et solidité, est sorti, ville et jardins, de ma tasse de thé.

Genèse d'une obsession : aux sources du texte

La scène inaugurale qui ouvre *Combray*, celle du baiser maternel sans lequel l'enfant ne peut affronter la nuit est un motif « obsessionnel » dans l'œuvre de Proust. Cette scène importante, l'écrivain l'écrivit plusieurs fois avant de lui donner, aux premières lignes de la *Recherche*, sa forme définitive. Déjà, dans *Jean Santeuil*, il en faisait un moment capital de son récit. On pourra comparer les deux versions, en souligner les différences et les analogies dans la construction, la syntaxe et le vocabulaire.

Le moment d'aller se coucher était tous les jours pour Jean un moment véritablement tragique, et dont l'horreur vague était d'autant plus cruelle. Déjà, quand le jour tombait, avant qu'on ne lui apporte la lampe, le monde entier semblait l'abandonner, il aurait voulu se cramponner à la lumière, l'empêcher de mourir, de l'entraîner avec lui dans la mort. Mais il pouvait se distraire un peu de cette angoisse indéfinissable et profonde en allant jusqu'à la cuisine, en parlant à sa mère. Bientôt sa grosse lampe arrivait, épanouissant sa lumière cordiale, inondant sa table et son cœur de sa bonté puissante avec une douceur égale. Mais au moment [de se coucher], Jean n'avait plus le secours de l'activité ni de la lumière. Il fallait dire bonsoir, c'est-à-dire quitter tout le monde pour toute la nuit, renoncer à plus aller parler à sa mère si l'on est triste, [à] se mettre sur ses genoux si on est trop seul, éteindre jusqu'à la triste bougie, ne plus même bouger pour pouvoir s'endormir, rester là comme une proie abandonnée, muette, immobile et aveugle, à l'horrible souffrance indéfinissable qui peu à peu devenait grande comme la solitude, comme le silence et comme la nuit. Mais jusqu'à ce soir-là, au moment où Jean finissait de se déshabiller il appelait sa mère qui venait l'embrasser dans son lit. Ce baiser-là, c'était le viatique, attendu si fiévreusement que Jean s'efforçait de ne penser à rien en se déshabillant, pour franchir plus vite le moment qui l'en séparait, la douce offrande de gâteaux que les Grecs attachaient au cou de l'épouse ou de l'ami défunt en le couchant dans sa tombe, pour qu'il accomplît sans terreur le voyage souterrain, traversât rassasié les royaumes sombres. Ainsi Jean goûtait longuement les joues tendres de sa mère, puis sur son front fiévreux elle posait un baiser frais comme une compresse, qui à travers sa peau brûlante et fine s'insinuait entre sa frange blonde, venait calmer sa petite âme. Alors il s'endormait. Ce baiser dans son lit, c'était le don attendu avec une impatience fiévreuse dont le merveilleux pouvoir calmait comme un enchantement, comme l'huile la mer, son cœur agité. Le geste de sa mère qui se baissait pour l'embrasser exterminait aussitôt l'inquiétude et l'insomnie.

Marcel Proust,
Jean Santeuil, Gallimard, coll. «Bibliothèque de la Pléiade», p. 205-206.

Les classiques et les contemporains
dans la même collection

Les anthologies dans la même collection